中华人民共和国
广告法

注释本

法律出版社法规中心 编

图书在版编目（CIP）数据

中华人民共和国广告法注释本／法律出版社法规中心编.--3版.--北京：法律出版社，2025.--（法律单行本注释本系列）.--ISBN 978-7-5197-9709-6

Ⅰ.D922.294.5

中国国家版本馆 CIP 数据核字第 20243LR951 号

中华人民共和国广告法注释本
ZHONGHUA RENMIN GONGHEGUO
GUANGGAOFA ZHUSHIBEN

法律出版社法规中心 编

策划编辑 陶玉霞
责任编辑 陶玉霞 陈 熙
装帧设计 李 瞻

出版发行	法律出版社	开本	850毫米×1168毫米 1/32
编辑统筹	法规出版分社	印张	4.5　字数 109千
责任校对	张红蕊	版本	2025年1月第3版
责任印制	耿润瑜	印次	2025年1月第1次印刷
经　　销	新华书店	印刷	涿州市星河印刷有限公司

地址：北京市丰台区莲花池西里7号（100073）
网址：www.lawpress.com.cn　　　　　　销售电话：010-83938349
投稿邮箱：info@lawpress.com.cn　　　　客服电话：010-83938350
举报盗版邮箱：jbwq@lawpress.com.cn　　咨询电话：010-63939796
版权所有·侵权必究

书号：ISBN 978-7-5197-9709-6　　　　定价：19.00元
凡购买本社图书，如有印装错误，我社负责退换。电话：010-83938349

编辑出版说明

现代社会是法治社会，社会发展离不开法治护航，百姓福祉少不了法律保障。遇到问题依法解决，已经成为人们处理矛盾、解决纠纷的不二之选。然而，面对纷繁复杂的法律问题，如何精准、高效地找到法律依据，如何完整、准确地理解和运用法律，日益成为人们"学法、用法"的关键所在。

为了帮助读者快速准确地掌握"学法、用法"的本领，我社开创性地推出了"法律单行本注释本系列"丛书，至今已十余年。本丛书历经多次修订完善，现已出版近百个品种，涵盖了社会生活的重要领域，已经成为广大读者学习法律、应用法律之必选图书。

本丛书具有以下特点：

1. 出版机构权威。成立于1954年的法律出版社，是全国首家法律专业出版机构，始终秉承"为人民传播法律"的宗旨，完整记录了中国法治建设发展的全过程，享有"社会科学类全国一级出版社""全国百佳图书出版单位"等荣誉称号。

2. 编写人员专业。本丛书皆由相关法律领域内的专业人士编写，确保图书内容始终紧跟法治进程，反映最新立法动态，体现条文本义内涵。

3. 法律文本标准。作为专业的法律出版机构，多年来，我社始终使用全国人民代表大会常务委员会公报刊登的法律文本，积淀了丰富的标准法律文本资源，并根据立法进度及时更新相关内容。

4. 条文注解精准。本丛书以立法机关的解读为蓝本，对每个条文提炼出条文主旨，并对重点条文进行注释，使读者能精准掌握立法意图，轻松理解条文内容。

5. 配套附录实用。书末"附录"部分收录的均为重要的相关法律、法规和司法解释，使读者在使用中更为便捷，使全书更为实用。

需要说明的是，本丛书中"适用提要""条文主旨""条文注释"等内容皆是编者为方便读者阅读、理解而编写，不同于国家正式通过、颁布的法律文本，不具有法律效力。本丛书不足之处，恳请读者批评指正。

我们用心打磨本丛书，以期待为法律相关专业的学生释法解疑，致力于为每个公民的合法权益撑起法律的保护伞。

法律出版社法规中心

2024 年 12 月

目　录

《中华人民共和国广告法》适用提要 …………… 1

中华人民共和国广告法

第一章　总则 ……………………………… 7
　第一条　立法目的 …………………………… 7
　第二条　调整范围及定义 …………………… 8
　第三条　内容和形式要求 …………………… 10
　第四条　真实性原则 ………………………… 11
　第五条　基本行为规范 ……………………… 12
　第六条　监督管理体制 ……………………… 13
　第七条　行业组织 …………………………… 14
第二章　广告内容准则 …………………… 15
　第八条　广告表述 …………………………… 15
　第九条　一般禁止情形 ……………………… 16
　第十条　保护未成年人和残疾人 …………… 19
　第十一条　涉及行政许可和引证内容的广告
　　　……………………………………………… 20
　第十二条　涉及专利的广告 ………………… 21
　第十三条　广告不得含有贬低内容 ………… 22

第十四条　广告可识别性以及发布要求 ……… 23
　　第十五条　处方药、易制毒化学品、戒毒等
　　　　　　　广告 …………………………………… 25
　　第十六条　医疗、药品、医疗器械广告 ……… 26
　　第十七条　禁止使用医药用语 ………………… 29
　　第十八条　保健食品广告 ……………………… 30
　　第十九条　禁止变相发布广告 ………………… 31
　　第二十条　母乳代用品广告 …………………… 31
　　第二十一条　农药、兽药、饲料和饲料添加剂
　　　　　　　　广告 ………………………………… 32
　　第二十二条　烟草广告 ………………………… 33
　　第二十三条　酒类广告 ………………………… 33
　　第二十四条　教育、培训广告 ………………… 34
　　第二十五条　有投资回报预期的商品或者
　　　　　　　　服务广告 …………………………… 36
　　第二十六条　房地产广告 ……………………… 37
　　第二十七条　种养殖广告 ……………………… 39
　　第二十八条　虚假广告 ………………………… 40
第三章　广告行为规范 ……………………………… 42
　　第二十九条　从事广告发布业务的条件 ……… 42
　　第三十条　广告合同 …………………………… 42
　　第三十一条　禁止不正当竞争 ………………… 43
　　第三十二条　受委托方的合法经营资格 ……… 44
　　第三十三条　广告涉及他人人身权利时的

	义务………………………………	44
第三十四条	广告业务管理制度和查验、核对义务………………………………	45
第三十五条	广告收费标准和办法…………	46
第三十六条	媒介传播效果资料真实………	47
第三十七条	不得提供广告服务的情形……	48
第三十八条	广告代言人的义务……………	49
第三十九条	广告不得侵扰中小学生、幼儿………………………………	50
第四十条	针对未成年人的广告…………	51
第四十一条	户外广告的监管………………	52
第四十二条	不得设置户外广告的情形……	53
第四十三条	垃圾广告………………………	55
第四十四条	互联网广告……………………	56
第四十五条	"第三方平台"义务……………	57
第四章 监督管理…………………………………		58
第四十六条	特殊商品和服务广告发布前审查………………………………	58
第四十七条	广告发布前审查程序…………	59
第四十八条	广告审查批准文件不得伪造、变造或者转让…………………	60
第四十九条	市场监督管理部门职权和义务………………………………	61
第五十条	授权制定利用大众传播媒介发布	

　　　　　　　广告的行为规范 …………… 63
　　第五十一条　配合监管义务 …………… 63
　　第五十二条　保密义务 ………………… 64
　　第五十三条　投诉和举报 ……………… 64
　　第五十四条　社会监督 ………………… 64
第五章　法律责任 ……………………………… 65
　　第五十五条　虚假广告行政、刑事责任 ……… 65
　　第五十六条　虚假广告民事责任 ……… 66
　　第五十七条　发布违反基本准则或者本法禁止
　　　　　　　　发布的广告的责任 ……… 67
　　第五十八条　发布违反特殊准则、违法使用广
　　　　　　　　告代言人或者未经依法审查的
　　　　　　　　广告的责任 ……………… 68
　　第五十九条　发布违反一般准则或者贬低他人
　　　　　　　　商品或服务的广告的责任 ……… 71
　　第六十条　广告经营者、广告发布者未依法进
　　　　　　　行广告业务管理的责任 ……… 72
　　第六十一条　广告代言人的责任 ……… 72
　　第六十二条　未经同意或者请求向他人发送广
　　　　　　　　告、违法利用互联网发布广告的
　　　　　　　　责任 ……………………… 73
　　第六十三条　公共场所的管理者和电信业务
　　　　　　　　经营者、互联网信息服务提供者
　　　　　　　　未依法制止违法广告活动的

　　　　　　　　责任 …………………………………… 73
　第六十四条　隐瞒真实情况或者提供虚假材料
　　　　　　　　申请广告审查的责任 ………… 74
　第六十五条　伪造、变造或者转让广告审查
　　　　　　　　批准文件的责任 ……………… 74
　第六十六条　信用档案制度 …………………… 74
　第六十七条　广播电台、电视台、报刊音像出版
　　　　　　　　单位及其主管部门的责任 …… 75
　第六十八条　民事责任 ………………………… 76
　第六十九条　对公司、企业广告违法行为负有个
　　　　　　　　人责任的法定代表人的责任 … 79
　第七十条　拒绝、阻挠市场监督部门监督检
　　　　　　　　查等违反治安管理行为的责任 …… 79
　第七十一条　广告审查机关的责任 …………… 80
　第七十二条　广告管理部门及其工作人员的
　　　　　　　　责任 …………………………… 81
第六章　附则 ……………………………………… 82
　第七十三条　公益广告 ………………………… 82
　第七十四条　施行日期 ………………………… 83

　　　　　　　　　附　　录

中华人民共和国反不正当竞争法(节录)(2019.4.
　23修正) ………………………………………… 84
中华人民共和国产品质量法(节录)(2018.12.29

修正) ………………………………………… 85
中华人民共和国消费者权益保护法(节录)(2013.
　10.25 修正) …………………………………… 86
中华人民共和国刑法(节录)(2023.12.29 修正)
　………………………………………………… 88
广告管理条例(1987.10.26) ……………………… 89
广告服务明码标价规定(2005.11.28) …………… 93
广播电视广告播出管理办法(2020.12.1 修正) …… 95
互联网广告管理办法(2023.2.25) ……………… 103
药品、医疗器械、保健食品、特殊医学用途配方食
　品广告审查管理暂行办法(2019.12.24) ……… 112
医疗广告管理办法(2006.11.10 修订) ………… 120
房地产广告发布规定(2021.4.2 修正) ………… 125
兽药广告审查发布规定(2020.10.23 修订) …… 128
农药广告审查发布规定(2020.10.23 修订) …… 130

《中华人民共和国广告法》适用提要

改革开放以来，我国广告业在快速发展的同时，也存在一些问题，突出表现在两个方面：一方面，利用广告推销假冒伪劣产品，贬低竞争对手，进行不正当竞争；另一方面，广告主、广告经营者、广告发布者的权利、义务责任不够明确，行为不够规范。这些问题表明，随着广告业的发展，制定《广告法》①是十分必要的。1994年10月27日第八届全国人民代表大会常务委员会第十次会议审议通过了《广告法》，2015年4月24日第十二届全国人民代表大会常务委员会第十四次会议对《广告法》进行了修订，根据2018年10月26日第十三届全国人民代表大会常务委员会第六次会议《关于修改〈中华人民共和国野生动物保护法〉等十五部法律的决定》对《广告法》进行了第一次修正，根据2021年4月29日第十三届全国人民代表大会常务委员会第二十八次会议《关于修改〈中华人民共和

---

① 为方便阅读，本书中的法律法规名称均使用简称。

国道路交通安全法〉等八部法律的决定》对《广告法》进行了第二次修正。《广告法》共6章74条,对以下主要内容作了规定:

1. 关于调整对象。《广告法》规定,广告主、广告经营者、广告发布者从事广告活动,应当遵守法律、法规,诚实信用,公平竞争。本法所称广告,是指在中华人民共和国境内,商品经营者或者服务提供者通过一定媒介和形式直接或者间接地介绍自己所推销的商品或者服务的商业广告活动。这样规定,一是明确了《广告法》的调整对象限于商业广告;二是明确了《广告法》只调整以广告形式发布经济信息的活动,不调整通过新闻或者其他非广告形式传播经济信息的行为。

2. 关于广告主体的行为。第一,明确广告主应当对广告内容的真实性负责。第二,增加广告荐证者的行为规范。第三,增加专条规定未成年人保护问题。第四,规定公共场所的管理者或者电信业务经营者、互联网信息服务提供者的广告管理责任。

3. 关于广告准则。《广告法》对广告的一般标准和特殊商品广告的特殊要求,作了比较明确、具体的规定。关于广告的一般标准,主要要求:广告应当真实、合法;广告不得含有虚假或者引人误解的内容;广告主、广告经营者、广告发布者从事广告活动应当遵守法律、法规,遵循公平竞争、诚实信用原则;广告应当清楚、明白,具有可识别性。关于对特殊商品广告的特殊要求,《广告法》对药品、医疗器械、农药、化妆品、保健食品、烟草、酒类等涉及人体健康以及人身、财产安全的商品广告的特殊要求作了规定。《广告法》规定了保健食品,医疗广告准则,禁止除药品、医疗器械、医疗广告外的其他广告涉及疾病治疗功能;规定了农药、兽药广告准则,饲料、饲料添加剂广告准则和种子、种畜禽、水产苗种和种养殖广告准则;规定了教育、培训、招商、房地产广告准则;对发布烟草广告的媒介、形式和场所作了更严格的限制,明确规定不得设置户外烟草广告。

4.关于构成虚假广告的具体情形。《广告法》明确规定下列情形构成虚假广告:一是推销的商品或者服务不存在的;二是推销的商品的性能、功能、产地、用途、质量、规格、成分、价格、生产者、有效期限、销售状况、曾获荣誉等信息,或者服务的内容、提供者、形式、质量、价格、销售状况、曾获荣誉等信息,以及与商品或者服务有关的允诺等与实际情况不符,对购买行为有实质性影响的;三是使用虚构、伪造或者无法验证的科研成果、统计资料、调查结果、文摘、引用语等信息作证明材料的;四是虚构使用商品或者接受服务的效果的。

5.关于广告活动的监督管理。一是明确县级以上地方市场监督管理部门主管本行政区域的广告监督管理工作。二是明确广告主自行或者委托他人设计、制作、发布广告,应当委托具有合法经营资格的广告经营者、广告发布者。三是市场监督管理部门和有关部门及其工作人员对其在广告监督管理活动中知悉的商业秘密负有保密义务。四是确定了广告审查制度。这些规定，形成了一套比较系统、完整的广告监督管理制度。

6. 关于法律责任。《广告法》对广告主、广告经营者、广告发布者发布违法广告、非法从事广告活动以及广告审查者不依法履行审查义务应当承担的法律责任（包括民事责任、行政责任以及刑事责任）作了规定。《广告法》法律责任规定具有可操作性和震慑力。一是在惩处力度方面，对发布虚假广告等重点违法行为规定罚款幅度，对2年内有3次以上严重违法行为或者有其他严重情节的加重处罚，对广告费用无法计算的规定相应的罚款额度。二是在广告荐证者的法律责任方面，规定广告荐证者明知或者应知广告虚假仍在广告中对商品、服务作推荐、证明的，由市场监督管理部门没收违法所得，并处违法所得1倍以上2倍以下的罚款；损害消费者合法权益的，依法承担连带责任。三是在补充规定民事责任方面，规定广告主、广告经营者、广告发布者、广告荐证者违反其他法律、行政法规规定，损害消费者合法权益的，消费者有权依照有关产品质量、消费者权益保护、合同、侵权责任、食品安全等法律、行政法规的规定，要求其承担相应法律责任。

此外，《广告法》还规定国家鼓励、支持开展公益广告宣传活动，公益广告的管理办法，由国务院市场监督管理部门会同有关部门制定。

除《广告法》外,《消费者权益保护法》《产品质量法》等法律对广告的有关问题也作了规定。国家市场监督管理总局在国务院《广告管理条例》的基础上制定了《药品、医疗器械、保健食品、特殊医学用途配方食品广告审查管理暂行办法》《医疗广告管理办法》等规章,对特殊商品广告的特殊要求作出了细化规定。

中华人民共和国广告法

(1994年10月27日第八届全国人民代表大会常务委员会第十次会议通过 2015年4月24日第十二届全国人民代表大会常务委员会第十四次会议修订 根据2018年10月26日第十三届全国人民代表大会常务委员会第六次会议《关于修改〈中华人民共和国野生动物保护法〉等十五部法律的决定》第一次修正 根据2021年4月29日第十三届全国人民代表大会常务委员会第二十八次会议《关于修改〈中华人民共和国道路交通安全法〉等八部法律的决定》第二次修正)

第一章 总 则

第一条 【立法目的】① 为了规范广告活动,保护消费者的合法权益,促进广告业的健康发展,维护社会经济秩序,制定本法。

---

① 条文主旨为编者所加,下同。

条文注释

本法的立法目的是规范广告活动,并通过对广告活动的规范保护消费者的合法权益,促进广告业的健康发展,维护社会经济秩序。

第二条 【调整范围及定义】 在中华人民共和国境内,商品经营者或者服务提供者通过一定媒介和形式直接或者间接地介绍自己所推销的商品或者服务的商业广告活动,适用本法。

本法所称广告主,是指为推销商品或者服务,自行或者委托他人设计、制作、发布广告的自然人、法人或者其他组织。

本法所称广告经营者,是指接受委托提供广告设计、制作、代理服务的自然人、法人或者其他组织。

本法所称广告发布者,是指为广告主或者广告主委托的广告经营者发布广告的自然人、法人或者其他组织。

本法所称广告代言人,是指广告主以外的,在广告中以自己的名义或者形象对商品、服务作推荐、证明的自然人、法人或者其他组织。

条文注释

本条第1款规定了本法的调整范围。广告活动可以分为商业广告活动和非商业广告活动。商业广告活动是以营利为目的的宣传活动,非商业广告活动则不以营利为目的。非商业广告活动通常包括政府部门、企事业单位和个人的公告、启事和声明,政治广告(如竞选广告)、公益广告和个人广告(如寻人启事和征婚广告)等。商业广告活动的性质、特点和监督管理不同于非商业广告,实践中最常见也最容易对消费者和社会经济秩序产生影响的广告活动主要是商业广告活动。因此,本条第1款规定,本法的调整范围是商业广告活动。本法调整的商业广告活动具有以下几个特征:第一,须发生在中华人民共和国境内。广告活动涉及设计、制作、代理、发布等各个环节,只要某一环节发生在我国境内,其相应的广告活动即须受本法调整。第二,须是商品经营者或者服务提供者的商业广告活动。商品经营者或者服务提供者,包括进行了工商登记的自然人、法人或者其他组织,如个体工商户、企业法人、合伙企业等。第三,须通过一定的媒介和形式。这里所指的"媒介和形式"范围较广,通常包括广播、电视、报纸、期刊、印刷品、电话、互联网、户外广告设施等,但不限于这些范围。第四,直接或者间接地介绍自己所推销的商品或者服务。

本条第2款规定了广告主的定义。本法所称广告主,是指为推销商品或者服务,自行或者委托他人设计、制作、发布广告的自然人、法人或者其他组织。即以推销商品或者服务为目的,无论是自己还是委托他人设计广告、制作广告或者发布广告,无论是法人或者其他组织还是自然人,都是本法所称的广告主。

本条第3款规定了广告经营者的定义。本法所称广告经营者,是指接受委托提供广告设计、制作、代理服务的自然人、法人或者其他组织。即广告经营者主要从事广告设计、制作、代理服务,且是因接受委托而从事上述业务,可以是法人或者其他组织,也可以是自然人。

本条第4款规定了广告发布者的定义。本法所称广发布者,是指为广告主或者广告主委托的广告经营者发布广告的自然人、法人或者其他组织。广告发布者发布广告,可以是为广告主发布,也可以是为广告主委托的广告经营者发布。根据该规定,如果是为自己发布广告,其身份为广告主。

本条第5款规定了广告代言人的定义。本法所称广告代言人,是指广告主以外的,在广告中以自己的名义或者形象对商品、服务作推荐、证明的自然人、法人或者其他组织。近年来,名人代言虚假广告的情况时有发生,追究其相应法律责任很有必要。本法针对广告代言人的行为规范和法律责任作出了明确规定,并在总则部分对其进行了定义。

关联法规

《广告管理条例》第2条;《国家工商行政管理总局关于媒体刊登的"股市行情"是否属于广告问题的答复》;《国家工商行政管理局关于中国银行店堂门楣标识是否属于店堂广告问题的答复》;《互联网广告管理办法》第2条

第三条 【内容和形式要求】广告应当真实、合法,以健康的表现形式表达广告内容,符合社会主义精神文明建设和弘扬中华民族优秀传统文化的要求。

条文注释

1. 广告应当真实。广告是商品经营者或者服务提供者向消费者传播商品和服务信息的载体。广告作为一种艺术形式,可以有艺术的夸张,但内容必须真实。如果内容虚假,将可能构成虚假广告。

2. 广告应当合法。广告作为商业活动,必须依法进行,从内容到形式都应当合法,主要表现在:第一,法律、行政法规规定禁止生产、销售的产品或者提供的服务,不得作广告;第二,虽然允许生产、销售,但禁止发布广告的商品或者服务,不得对其进行广告宣传,如麻醉药品、精神药品、医疗用毒性药品、放射性药品等特殊药品,药品类易制毒化学品,以及戒毒治疗的药品、医疗器械和治疗方法,不得作广告;第三,广告内容应与其推销的商品或者服务相一致,不得含有虚假的内容;第四,法律、行政法规规定应当明示的内容应当显著、清晰表示,广告内容不得出现法律、行政法规规定不得出现的情形;第五,广告应当具有可识别性,不得以新闻报道形式变相发布广告,如广播电台、电视台、报刊音像出版单位、互联网信息服务提供者不得以介绍健康、养生知识等形式变相发布医疗、药品、医疗器械、保健食品广告。

3. 广告应当以健康的表现形式表达广告内容,符合社会主义精神文明建设和弘扬中华民族优秀传统文化的要求。广告通过语言、文字、画面等形式,利用一定的艺术手段,作用于人们的感官和思想。实践中广告的表现形式和内容可以是多种多样的,但都应该是给受众带来正面影响,不能低俗,更不能恶俗。

第四条 【真实性原则】广告不得含有虚假或者引人误解的内容,不得欺骗、误导消费者。

广告主应当对广告内容的真实性负责。

条文注释

本条第1款规定,广告不得含有虚假或者引人误解的内容,不得欺骗、误导消费者。虚假广告,既损害消费者的合法权益,也往往构成不正当竞争,侵害其他商品生产经营者或者服务提供者的利益。禁止虚假广告,是各国有关广告管理的规定的核心内容。

本条第2款规定,广告主应当对广告内容的真实性负责。广告活动的最终目的在于推销商品经营者或服务提供者即广告主的商品和服务,广告主是一切广告活动的最初发起者,应由其保证广告内容的真实性。因此,广告内容虚假、不真实,首先要追究广告主的责任。

关联法规

《互联网广告管理办法》第13条;《农业部科技教育司关于指导做好涉转基因广告管理工作的通知》

第五条 【基本行为规范】广告主、广告经营者、广告发布者从事广告活动,应当遵守法律、法规,诚实信用,公平竞争。

条文注释

1. 守法原则。广告主、广告经营者、广告发布者在我国境内从事广告活动,应当遵守全国人大及其常委会制定的法律、国务院制定的行政法规以及从事广告活动所在行政区域的地方性法规。

2. 诚实信用、公平竞争原则。广告活动与其他一般市场行为一样,应当遵守一般民商事活动的基本原则。在长期的商品生产和市场竞争活动的实践中,逐渐形成了诚实信用、公平竞争的原则。广告活动中,在面对消费者时,应当遵守本法,进行真实、合法的宣传;在广告主与广告主之间、广告经营者与广告经营者之间、广告发布者与广告发布者之间,为开展广告活动而处于竞争关系时,应当诚实信用,公平竞争;在广告主与广告经营者、广告发布者之间,通过合同,委托设计、制作、代理、发布广告时,它们之间属于平等的民事主体的关系,也应当诚实信用,公平竞争。广告活动中,诚实信用就是在广告活动中诚实待人、恪守信用,不得弄虚作假、损人利己;公平竞争就是在竞争中公平合理,正当行使自己的权利。

关联法规

《民法典》第4、6~8条;《反不正当竞争法》;《广播电视广告播出管理办法》第4条

> **第六条 【监督管理体制】**国务院市场监督管理部门主管全国的广告监督管理工作,国务院有关部门在各自的职责范围内负责广告管理相关工作。
>
> 县级以上地方市场监督管理部门主管本行政区域的广告监督管理工作,县级以上地方人民政府有关部门在各自的职责范围内负责广告管理相关工作。

条文注释

根据国务院关于市场监督管理部门的主要职责的规定,国务院市场监督管理部门在广告监督管理方面的职责主要包括:拟订广告业发展规划、政策措施并组织实施;拟订广告监督管理的具体措施、办法;组织、指导、监督管理广告活动;组织监测各类媒介广告发布情况;查处虚假广告等违法行为;指导广告审查机构和广告行业组织的工作。相应地,县级以上地方市场监督管理部门在广告监督管理方面也有类似职责。

广告活动涉及各行各业,广告管理涉及方方面面,除了涉及市场监督管理部门外,也涉及其他有关主管部门。根据

本法的规定,有关主管部门须对一些特殊广告进行发布前审查;医疗机构有本法规定的需要吊销诊疗科目或者吊销医疗机构执业许可证的情形的,卫生行政部门可以吊销其诊疗科目或者医疗机构执业许可证;广播电台、电视台、报刊音像出版单位发布违法广告,或者以新闻报道形式变相发布广告,或者以介绍健康、养生知识等形式变相发布医疗、药品、医疗器械、保健食品广告,新闻出版、广播电视主管部门以及其他有关部门应当依法对负有责任的主管人员和直接责任人员给予处分,情节严重的,并可以暂停媒体的广告发布业务。

第七条 【行业组织】广告行业组织依照法律、法规和章程的规定,制定行业规范,加强行业自律,促进行业发展,引导会员依法从事广告活动,推动广告行业诚信建设。

条文注释

所谓行业组织,是指同行业的自然人、法人或者其他组织在平等、自愿的基础上,为增进共同利益、实现共同意愿、维护合法权益,依法组织起来并按照其章程开展活动的非营利性、自律性的社会组织。依据本条规定,广告行业组织要充分发挥其在加强行业自律、促进行业发展方面的作用,依照法律、法规和章程的规定,制定行业规范,引导会员依法从事广告活动,推动广告行业诚信建设。

关联法规

《互联网广告管理办法》第5条

第二章 广告内容准则

> **第八条 【广告表述】**广告中对商品的性能、功能、产地、用途、质量、成分、价格、生产者、有效期限、允诺等或者对服务的内容、提供者、形式、质量、价格、允诺等有表示的,应当准确、清楚、明白。
>
> 广告中表明推销的商品或者服务附带赠送的,应当明示所附带赠送商品或者服务的品种、规格、数量、期限和方式。
>
> 法律、行政法规规定广告中应当明示的内容,应当显著、清晰表示。

条文注释

根据本条第1款的规定,广告中对商品或者服务的重要信息的表示应当准确、清楚、明白。所谓准确、清楚、明白,一是要实事求是,客观、明确地作出表述,不能含混不清;二是要使普通消费者能够正确理解,不致误解。

本条第2款规定了附带赠送广告的明示义务。即一旦在广告中就附带赠送作出宣传,对其中的关键信息(品种、规格、数量、期限和方式)的表示就应当清楚、明白,避免出现争议。

本条第3款规定了法定明示义务。一些特殊商品、服务可能对消费者产生重要影响,为更好地保护消费者权益,法律、行政法规对其广告中应当明示的内容作了明确规定。例如,《畜牧法》第 28 条规定,种畜禽广告应当注明种畜禽品种、配套系的审定或者鉴定名称;对主要性状的描述应当符合该品种、配套系的标准,等等。对于这些内容,广告中应当依法显著、清晰地表示。

关联法规

《房地产广告发布规定》第 9～15、17、19、20 条

第九条 【一般禁止情形】广告不得有下列情形:

(一)使用或者变相使用中华人民共和国的国旗、国歌、国徽、军旗、军歌、军徽;

(二)使用或者变相使用国家机关、国家机关工作人员的名义或者形象;

(三)使用"国家级"、"最高级"、"最佳"等用语;

(四)损害国家的尊严或者利益,泄露国家秘密;

(五)妨碍社会安定,损害社会公共利益;

(六)危害人身、财产安全,泄露个人隐私;

(七)妨碍社会公共秩序或者违背社会良好风尚;

(八)含有淫秽、色情、赌博、迷信、恐怖、暴力的内容;

(九)含有民族、种族、宗教、性别歧视的内容;

(十)妨碍环境、自然资源或者文化遗产保护;

(十一)法律、行政法规规定禁止的其他情形。

条文注释

本条对广告的禁止性规定主要有 11 项:

第 1 项,不得使用或者变相使用中华人民共和国的国

旗、国歌、国徽,军旗、军歌、军徽。本项中的"国旗"是五星红旗;"国歌"是《义勇军进行曲》;"国徽"的中间是五星照耀下的天安门,周围是谷穗和齿轮;"军旗"包括中国人民解放军军旗和陆军军旗、海军军旗、空军军旗;"军歌"是中国人民解放军军歌,歌名为《中国人民解放军进行曲》;"军徽"包括中国人民解放军军徽(即陆军军徽)和海军军徽、空军军徽。

第2项,不得使用或者变相使用国家机关、国家机关工作人员的名义或者形象。在广告中使用或者变相使用国家机关、国家机关工作人员的名义或者形象,属于借助社会公众对国家机关及其工作人员的信任牟取不正当利益,应当予以禁止。

第3项,不得使用"国家级""最高级""最佳"等用语。广告应当真实、客观地介绍商品或者服务,不得使用"国家级""最高级""最佳"等绝对化用语。

第4项,不得损害国家的尊严或者利益,泄露国家秘密。维护国家尊严和利益、保守国家秘密,是每一个中国公民应尽的义务。广告内容损害国家的尊严或者利益、泄露国家秘密的,应当予以禁止。

第5项,不得妨碍社会安定,损害社会公共利益。维护社会安定和社会公共利益,是每一个社会成员应尽的义务。广告内容妨碍社会安定、损害社会公共利益的,应当予以禁止。

第6项,不得危害人身、财产安全,泄露个人隐私。公民的人身自由、合法财产不受侵犯,是我国《宪法》确立的基本原则,公民的人身权、财产权、隐私权都受到我国法律的严格保护。广告内容危害人身、财产安全,泄露个人隐私的,应当予以禁止。

第7项,不得妨碍社会公共秩序或者违背社会良好风尚。社会公共秩序是维护社会公共生活所必需的秩序,包括生产秩序、工作秩序、教学秩序、交通秩序、公共场所秩序、生活秩序等。社会良好风尚是历史相沿、积久而成的善良习俗,是民族精神和风貌的体现。每一个社会成员都应当维护社会公共秩序和社会良好风尚。广告内容妨碍社会公共秩序或者违背社会良好风尚的,应当予以禁止。

第8项,不得含有淫秽、色情、赌博、迷信、恐怖、暴力的内容。"淫秽",是指具体描绘性行为或者露骨宣扬色情;"色情",是指以撩起性兴奋为目的,而展示或描述人类身体或人类性行为的一种表现;"赌博",是指用财物作注以一定方式争输赢的活动;"迷信",是指相信命相、鬼神、风水、占星、卜筮等的思想;"恐怖",是指使人面临危险情境,企图摆脱而又感到无能为力的心理状态;"暴力",是指侵犯他人人身和财产安全的强暴行为。淫秽、色情、赌博、迷信、恐怖、暴力的内容有损社会良好道德风尚,违背社会主义精神文明建设的要求。对含有上述内容的广告,应当予以禁止。

第9项,不得含有民族、种族、宗教、性别歧视的内容。广告中既不得含有歧视少数民族的内容,也不得含有歧视多数民族的内容;既不得含有歧视亚洲人种(黄种人)的内容,也不得含有歧视高加索人种(白种人)、非洲人种(黑种人)、大洋洲人种(棕种人)的内容;既不得含有歧视信仰宗教的人士的内容,也不得含有歧视不信仰宗教的人士的内容;既不得含有歧视女性的内容,也不得含有歧视男性的内容。

第10项,不得妨碍环境、自然资源或者文化遗产保护。保护环境、自然资源和文化遗产,是我国《宪法》所明确规定的公民义务,广告也不得妨碍环境、自然资源或者文化遗产保护。

第11项,不得有法律、行政法规规定禁止的其他情形。广告是一项十分复杂的经济活动,本法不可能穷尽广告不得含有的所有情形。为适应经济社会发展的需要,本项作出了衔接性规定,即兜底条款:法律、行政法规规定禁止的其他情形,在广告中也不得出现。

关联法规

《宪法》第4条;《国旗法》第4、20条;《国徽法》第3、13条;《广告管理条例》第8条;《广播电视广告播出管理办法》第8~10条

第十条 【保护未成年人和残疾人】广告不得损害未成年人和残疾人的身心健康。

条文注释

"未成年人",是指未满18周岁的自然人。保护未成年人是全社会都应履行的法定义务。鉴于未成年人心智不成熟的特点,为保护未成年人的利益,保证未成年人身心的健康发展,本法对广告活动中的未成年人保护作出了专门规定:(1)原则规定,即本条要求所有广告都不得损害未成年人的身心健康。(2)有针对性的规定,如禁止向未成年人发送任何形式的烟草广告;不得利用不满10周岁的未成年人作为广告代言人;不得在中小学校、幼儿园内开展广告活动,不得利用中小学生和幼儿的教材、教辅材料、练习册、文具、教具、校服、校车等发布或者变相发布广告;在针对未成年人的大众传播媒介上不得发布医疗、药品、保健食品、医疗器械、化妆品、酒类、美容广告,以及不利于未成年人身心健康的网

络游戏广告；等等。

"残疾人"，是指在心理、生理、人体结构上，某种组织、功能丧失或者不正常，全部或者部分丧失以正常方式从事某种活动能力的人。残疾人包括视力残疾、听力残疾、言语残疾、肢体残疾、智力残疾、精神残疾、多重残疾和其他残疾的人。残疾人的心理、生理、人体结构等比不上正常人，残疾人参与社会生活存在环境障碍，残疾人的生活状况落后于社会平均水平。这些客观事实的存在，使残疾人的身心很容易受到伤害，必须给予特殊保护。本法对此也专门作出了规定，要求广告不得损害残疾人的身心健康。例如，未经残疾人同意，不得在广告中使用残疾人的形象；不得在广告中嘲讽、歧视、侮辱残疾人，表现正常人相对于残疾人的优越性；等等。

关联法规

《未成年人保护法》；《残疾人保障法》；《广播电视广告播出管理办法》第8条第7项、第25条；《药品、医疗器械、保健食品、特殊医学用途配方食品广告审查管理暂行办法》

第十一条 【涉及行政许可和引证内容的广告】广告内容涉及的事项需要取得行政许可的，应当与许可的内容相符合。

广告使用数据、统计资料、调查结果、文摘、引用语等引证内容的，应当真实、准确，并表明出处。引证内容有适用范围和有效期限的，应当明确表示。

条文注释

本条第1款是关于广告内容涉及行政许可的规定。行政许可，是指行政机关根据公民、法人或者其他组织的申请，经依法审查,准予其从事特定活动的行为。广告内容涉及的事项需要取得行政许可的,主要包括两种情形:一种情形是对特殊商品或者服务,法律明确规定,其广告内容需要经过行政机关审查;另一种情形是法律、行政法规规定从事特定活动须经许可,广告内容涉及该项活动的。

广告内容涉及的事项应当与许可的内容"相符合",具有两方面含义:一方面,广告内容不能偏离行政许可的原意,使社会公众产生与行政许可内容不同的理解。这是广告内容真实性、准确性的必然要求,也是本条对涉及行政许可的事项作出规定的目的所在。另一方面,不要求广告内容一字不差地照搬行政许可的内容,只要符合行政许可,在具体表现形式上可以采取多种艺术形式。

本条第2款是关于广告使用引证内容的规定。广告的内容涉及多种学科、多种门类的知识和资料;为了增强广告的证明力和说服力,广告中常常使用引证内容。引证内容的具体形式包括数据、统计资料、调查结果、文摘、引用语等。在广告中使用引证内容应当慎重,符合下列要求:(1)引证内容应当真实、准确。(2)引证内容应当表明出处。(3)引证内容有适用范围和有效期限的,应当明确表示。

第十二条 【涉及专利的广告】广告中涉及专利产品或者专利方法的,应当标明专利号和专利种类。

未取得专利权的,不得在广告中谎称取得专利权。

禁止使用未授予专利权的专利申请和已经终止、撤销、无效的专利作广告。

条文注释

所谓专利权,是指依照《专利法》的规定,专利权人对其所获得专利的发明创造,在法定期限内所享有的独占权或专有权。

本条中的"专利产品",是指取得专利权的产品发明、实用新型和外观设计。"专利方法",是指取得专利权的方法发明。"专利号",是指在专利证书上载明的用于区别其他专利的号码。"专利种类",是指在专利证书上载明的专利权的类别,如发明专利、实用新型专利、外观设计专利。"专利申请",是指申请人以书面形式请求国家专利行政部门对其发明创造授予专利权的法律行为。

关联法规

《药品、医疗器械、保健食品、特殊医学用途配方食品广告审查管理暂行办法》

第十三条 【广告不得含有贬低内容】广告不得贬低其他生产经营者的商品或者服务。

条文注释

在广告中,捏造、散布虚伪事实或对真实情况进行歪曲,从而对竞争对手的商品或者服务进行诋毁、贬低,不但是一种不正当的竞争手段,而且会误导消费者,损害消费者的合法权益。因此,本法对此予以明确禁止。

关联法规

《反不正当竞争法》第2条

第十四条 【广告可识别性以及发布要求】广告应当具有可识别性,能够使消费者辨明其为广告。

大众传播媒介不得以新闻报道形式变相发布广告。通过大众传播媒介发布的广告应当显著标明"广告",与其他非广告信息相区别,不得使消费者产生误解。

广播电台、电视台发布广告,应当遵守国务院有关部门关于时长、方式的规定,并应当对广告时长作出明显提示。

【条文注释】

本条第1款规定了广告应当具有可识别性。广告的表现形式日益复杂多样,有的广告仅从表面上看难以与其他信息传播形式相区别,使消费者无法辨明其是不是广告,不正当地影响了消费者的购买决策,可能给消费者造成损害,需要加强规范。因此,广告应当具有可识别性,能够使消费者辨明其为广告,使消费者既能够获得必要的商品或者服务信息,又能够对该信息有客观、清晰的认识,避免受到误导。

本条第2款规定了大众传播媒介不得以新闻报道形式变相发布广告。广告与新闻都是以传播信息、扩大影响为主旨的社会传播活动,但二者又有明显区别:(1)目的不同。广告是推销商品或者服务的手段,目的在于促进销售、提升形象、获得经济利益。新闻主要为满足受众对新闻的获知欲望,通过对新近发生的事实的报道达到对社会舆论进行引导的目的。(2)内容不同。广告宣传的是商品、服务信息。新闻报道的是人民关心或感兴趣的新近发生的客观事实。

（3）费用承担不同。广告是有偿服务，广告主要进行广告宣传，就需要向广告经营者、广告发布者（主要是大众传播媒介）、广告代言人支付相应的对价；广告主自己制作、发布广告的，也要承担相应的成本费用。新闻中的被宣传对象则不需要向新闻机构支付费用，其作者还可以从新闻机构取得相应的报酬。（4）制作方式和责任承担形式不同。广告反映广告主的意愿，广告经营者、广告发布者、广告代言人按照广告主的要求设计、制作、发布、代言；广告违法、侵权的，首先由广告主承担责任，广告经营者、广告发布者、广告代言人根据其过错大小承担相应责任。新闻一般由记者或者通信员采写，经过编辑部修改、审定后发表；其责任由记者、通信员、编辑承担。

有的大众传播媒介以新闻报道形式发布广告，混淆了广告和新闻的界限；这种做法滥用了社会公众对新闻的信任，容易误导社会公众，损害消费者的利益。因此，大众传播媒介不得以新闻报道形式发布广告。

为了使通过大众传播媒介发布的广告与新闻等非广告信息相区别，避免使消费者产生误解，本条第2款规定，通过大众传播媒介发布的广告应当显著标明"广告"。

本条第3款规定了广告发布的时长、方式。有的广播电台、电视台发布广告时存在一些突出问题，如广告播放时间过长、节目插播广告过于频繁等，严重影响了听众、观众正常收听、收看节目，需要予以规范。故规定，广播电台、电视台发布广告，应当遵守国务院有关部门关于时长、方式的规定。同时，为了便于听众、观众清楚了解广告时长，使其既能够在广告期间从事其他活动，又不至于错过广播、电视节目，本款还规定，广播电台、电视台发布广告，应当对广告时长作出明显提示。

关联法规

《广播电视广告播出管理办法》第 9 条第 1 项、第 13~27 条;《互联网广告管理办法》第 9~11 条;《药品、医疗器械、保健食品、特殊医学用途配方食品广告审查管理暂行办法》;《国家工商行政管理局关于认定利用新闻报道形式发布医疗广告问题的答复》

第十五条 【处方药、易制毒化学品、戒毒等广告】
麻醉药品、精神药品、医疗用毒性药品、放射性药品等特殊药品,药品类易制毒化学品,以及戒毒治疗的药品、医疗器械和治疗方法,不得作广告。

前款规定以外的处方药,只能在国务院卫生行政部门和国务院药品监督管理部门共同指定的医学、药学专业刊物上作广告。

条文注释

"麻醉药品",即连续使用后易产生生理依赖性、能成瘾癖的药品。

"精神药品",即直接作用于中枢神经系统,使之兴奋或抑制,连续使用能产生依赖性的药品。

"医疗用毒性药品",即毒性剧烈,治疗剂量与中毒剂量相近,使用不当会致人中毒或者死亡的药品。

"放射性药品",即用于临床诊断或者治疗的放射性核素制剂或者其标记药物。

"药品类易制毒化学品",即麦角酸、麦角胺、麦角新碱、麻黄素、伪麻黄素、消旋麻黄素、去甲麻黄素、甲基麻黄素、麻黄浸膏、麻黄浸膏粉等麻黄素类物质,以及上述物质可能存在的盐类、原料药及其单方制剂。

"戒毒治疗的药品、医疗器械和治疗方法",即控制并消除滥用阿片类药物成瘾者的积聚戒断症状与体征的药品、医疗器械和治疗方法,以及能减轻、消除稽延性症状的戒毒治疗辅助药品、医疗器械和治疗方法。

"处方药",是指由药品监督管理部门所确定的,必须凭执业医师和执业助理医师处方才可调配、购买和使用的药品。

关联法规

《药品管理法》第90条;《麻醉药品和精神药品管理条例》第4、5条;《药品管理法实施条例》第24条;《广播电视广告播出管理办法》第9条第3项;《互联网广告管理办法》第6条;《药品、医疗器械、保健食品、特殊医学用途配方食品广告审查管理暂行办法》

第十六条 【医疗、药品、医疗器械广告】 医疗、药品、医疗器械广告不得含有下列内容:

(一)表示功效、安全性的断言或者保证;

(二)说明治愈率或者有效率;

(三)与其他药品、医疗器械的功效和安全性或者其他医疗机构比较;

(四)利用广告代言人作推荐、证明;

(五)法律、行政法规规定禁止的其他内容。

药品广告的内容不得与国务院药品监督管理部门

批准的说明书不一致,并应当显著标明禁忌、不良反应。处方药广告应当显著标明"本广告仅供医学药学专业人士阅读",非处方药广告应当显著标明"请按药品说明书或者在药师指导下购买和使用"。

推荐给个人自用的医疗器械的广告,应当显著标明"请仔细阅读产品说明书或者在医务人员的指导下购买和使用"。医疗器械产品注册证明文件中有禁忌内容、注意事项的,广告中应当显著标明"禁忌内容或者注意事项详见说明书"。

条文注释

"医疗、药品、医疗器械广告",是指利用一定媒介或者形式发布的,介绍所推销的医疗、药品、医疗器械的广告活动。

本条第1款规定了医疗、药品、医疗器械广告的内容限制。

1. 医疗、药品、医疗器械,都是通过作用于人体,达到预防、诊断、治疗的效果,这种效果都含有一定的差异性、不确定性。如"包治百病""药到病除""根治""一个疗程见效""无效退款""绝对安全""无任何副作用"等断言或者保证,是违反科学规律的,可能对消费者造成误导,故广告中不得含有。

2. 所谓的治愈率、有效率,一般是根据某些医疗机构、过往某一段时期内、经抽样选中的病例的统计得出的结果,这种结果并不一定适用于所有医疗机构、所有时期、所有使用者。特别是对个别患者而言,这些数据并无实际意义,且容易造成误导,故广告中不得含有。

3. 适用于不同的病症的药品、医疗器械、医疗服务,应当对症使用，不具有可比性，不宜进行比较；适用于相同病症的药品、医疗器械、医疗服务，也需要根据使用者个体的各方面情况合理选择，或者综合运用。因此，宣传某一种药品、医疗器械、医疗服务的功效或者安全性一定优于另一种是不科学的，广告中不得含有。

4. 医疗、药品、医疗器械是直接作用于人体的特殊商品和服务，其作用对象存在个体差异，不宜利用广告代言人作推荐、证明，因此广告中亦不得利用任何广告代言人的名义或者形象对医疗、药品、医疗器械作推荐、证明。

5. 法律、行政法规规定禁止的其他内容。

本条第2款规定了药品广告内容的特别要求：

1. 药品说明书经过国务院药品监督管理部门审查批准，其表述都经过严格审定，具有特定含义。药品广告涉及说明书中的内容的，就应当以说明书为准，不得篡改、曲解。

2. 禁忌、不良反应等药品的负面信息，关系到患者的用药效果、用药安全、所承受的痛苦等，对于医生选择处方药、消费者选择非处方药至关重要。药品广告应当让医生、消费者全面了解药品信息。因此，药品广告应当显著标明禁忌、不良反应。

3. 药品广告应当显著标明忠告语。处方药广告应当显著标明"本广告仅供医学药学专业人士阅读"。非处方药同样关系社会公众身体健康，如果没有医师把关，一旦使用不当，同样可能影响疾病治疗、康复，甚至可能危及生命安全。因此，非处方药广告应当显著标明"请按药品说明书或者在药师指导下购买和使用"。

所谓"显著标明"，即应当在广告的显著位置，以显而易见、足以引起广告受众注意、能够使受众清晰获知的方式标示。

本条第3款规定了医疗器械广告内容的特别要求：

1. 推荐给个人自用的医疗器械,为避免消费者使用不当,没有达到预期效果甚至造成人身财产损害,应当提醒其仔细阅读产品说明书或者在医务人员的指导下购买和使用。

2. 医疗器械产品有禁忌内容、注意事项的,为避免使用单位、消费者使用不当,没有达到预期效果甚至造成人身财产损害,应当在广告中提醒医疗器械经营单位、使用单位、消费者相关人等注意其禁忌内容、注意事项。

关联法规

《药品管理法》第90条;《药品、医疗器械、保健食品、特殊医学用途配方食品广告审查管理暂行办法》;《国家工商行政管理局关于认定利用新闻报道形式发布医疗广告问题的答复》;《国家药品监督管理局关于部分禁止在大众媒介发布药品广告品种的说明》;《广播电视广告播出管理办法》第8条第10项、第9条第4项

第十七条 【禁止使用医药用语】除医疗、药品、医疗器械广告外,禁止其他任何广告涉及疾病治疗功能,并不得使用医疗用语或者易使推销的商品与药品、医疗器械相混淆的用语。

条文注释

医疗、药品、医疗器械都具有很强的专业性,其涉及疾病治疗功能的用语、医疗用语,以及其他相关用语,都有其特定含义,与日常生活用语不同。为防止误导患者、损害人民群众身体健康,医疗、药品、医疗器械以外的商品或者服务,都不得使用上述用语。

例如,补铁类营养素补充剂在广告中宣称能治疗贫血,

非医疗美容服务宣称运用了细胞修复再生技术、基因技术等中西医治疗方法,化妆品("卫妆特字"产品)广告宣传"药妆""医学护肤品"等,就违反了本条规定。

关联法规

《药品、医疗器械、保健食品、特殊医学用途配方食品广告审查管理暂行办法》

第十八条 【保健食品广告】保健食品广告不得含有下列内容:

(一)表示功效、安全性的断言或者保证;

(二)涉及疾病预防、治疗功能;

(三)声称或者暗示广告商品为保障健康所必需;

(四)与药品、其他保健食品进行比较;

(五)利用广告代言人作推荐、证明;

(六)法律、行政法规规定禁止的其他内容。

保健食品广告应当显著标明"本品不能代替药物"。

条文注释

"保健食品",是指声称具有特定保健功能或者以补充维生素、矿物质为目的的食品。即适宜于特定人群食用,具有调节机体功能,不以治疗疾病为目的,并且对人体不产生任何危害的食品。

"保健食品广告",是指通过一定的媒介和形式,直接或者间接地介绍自己所推销的保健食品的商业广告活动。

本条第2款中所谓"显著标明",即应当在广告的显著位置,以显而易见、足以引起广告受众注意、能够使受众清晰获知的方式标示。

第十九条 【禁止变相发布广告】广播电台、电视台、报刊音像出版单位、互联网信息服务提供者不得以介绍健康、养生知识等形式变相发布医疗、药品、医疗器械、保健食品广告。

条文注释

本条作出明确规定,禁止广播电台、电视台、报刊音像出版单位、互联网信息服务提供者以介绍健康、养生知识等形式变相发布医疗、药品、医疗器械、保健食品广告,即禁止名义上是在介绍健康、养生知识,实际上含有推销特定商品经营者或者服务提供者的医疗、药品、医疗器械、保健食品的内容。例如,推荐特定品牌的医疗、药品、医疗器械、保健食品,提供特定生产经营者的购买方式、联系电话、地址、交通路线等信息。

第二十条 【母乳代用品广告】禁止在大众传播媒介或者公共场所发布声称全部或者部分替代母乳的婴儿乳制品、饮料和其他食品广告。

条文注释

母乳是婴儿健康生长与发育的最理想食品。在生命的最初6个月对婴儿进行纯母乳喂养,是实现婴儿生长、发育和健康的最佳方式。为促进母乳喂养、保护婴儿健康成长,有必要限制母乳代用品广告。

关联法规

《广播电视广告播出管理办法》第9条第6项

第二十一条 【农药、兽药、饲料和饲料添加剂广告】农药、兽药、饲料和饲料添加剂广告不得含有下列内容：

（一）表示功效、安全性的断言或者保证；

（二）利用科研单位、学术机构、技术推广机构、行业协会或者专业人士、用户的名义或者形象作推荐、证明；

（三）说明有效率；

（四）违反安全使用规程的文字、语言或者画面；

（五）法律、行政法规规定禁止的其他内容。

条文注释

"农药"，是指用于预防、消灭或者控制危害农业、林业的病、虫、草和其他有害生物以及有目的地调节植物、昆虫生长的化学合成或者来源于生物、其他天然物质的一种物质或者几种物质的混合物及其制剂。

"兽药"，是指用于预防、治疗、诊断动物疾病或者有目的地调节动物生理机能的物质（含药物饲料添加剂）。

"饲料"，是指经工业化加工、制作的供动物食用的产品，包括单一饲料、添加剂预混合饲料、浓缩饲料、配合饲料和精料补充料等。

"饲料添加剂"，是指在饲料加工、制作、使用过程中添加的少量或者微量物质，包括营养性饲料添加剂和一般饲料添加剂。

关联法规

《农药管理条例》；《农药广告审查发布规定》；《兽药广告审查发布规定》

第二十二条 【烟草广告】禁止在大众传播媒介或者公共场所、公共交通工具、户外发布烟草广告。禁止向未成年人发送任何形式的烟草广告。

禁止利用其他商品或者服务的广告、公益广告,宣传烟草制品名称、商标、包装、装潢以及类似内容。

烟草制品生产者或者销售者发布的迁址、更名、招聘等启事中,不得含有烟草制品名称、商标、包装、装潢以及类似内容。

关联法规

《广告管理条例》第10条;《烟草专卖法》第18条;《国家工商行政管理总局关于禁止在广播、电视、报刊上变相为卷烟作广告的通知》;《广播电视广告播出管理办法》第9条第2项

第二十三条 【酒类广告】酒类广告不得含有下列内容:

(一)诱导、怂恿饮酒或者宣传无节制饮酒;

(二)出现饮酒的动作;

(三)表现驾驶车、船、飞机等活动;

(四)明示或者暗示饮酒有消除紧张和焦虑、增加体力等功效。

条文注释

所谓"酒类",是指含酒精饮料,包括发酵酒、蒸馏酒、配制酒、食用酒精以及其他含有酒精成分的饮品。

根据本条规定,酒类广告不得含有下列内容:

1. 不得诱导、怂恿饮酒或者宣传无节制饮酒。所谓诱导、怂恿饮酒,一般表现为明示或者暗示饮酒是身份、地位、成熟、魅力的象征等,以及将个人、商业、社会、体育、性生活或者其他方面的成功归因于饮酒等。法律虽不禁止酒类作广告,但是,对广告中含有的诱导、怂恿饮酒或者宣传无节制饮酒的内容,必须严格禁止。

2. 不得出现饮酒的动作。广告中直接出现饮酒动作,对受众具有最直接的引导、示范作用,自然应予禁止。

3. 不得表现驾驶车、船、飞机等活动。酒后驾驶车、船、飞机等,容易发生事故,造成人身财产损失,甚至危及公共安全,也是法律严格禁止的行为。在酒类广告中表现驾驶车、船、飞机等活动,必须严格禁止。

4. 不得明示或者暗示饮酒有消除紧张和焦虑、增加体力等功效。这种表述往往缺乏科学依据,更不具有普遍适用性,反而可能为饮酒提供借口,自然应予禁止。

第二十四条 【教育、培训广告】教育、培训广告不得含有下列内容:

(一)对升学、通过考试、获得学位学历或者合格证书,或者对教育、培训的效果作出明示或者暗示的保证性承诺;

(二)明示或者暗示有相关考试机构或者其工作人员、考试命题人员参与教育、培训;

(三)利用科研单位、学术机构、教育机构、行业协会、专业人士、受益者的名义或者形象作推荐、证明。

条文注释

"教育",是指根据一定社会的现实和未来的需要,有目的、有计划、有组织、系统地引导受教育者获得知识技能、培养思想品德、发展智力和体力的一种活动。教育既包括全日制的学校教育,又包括半日制的、业余的学校教育,还包括函授教育、刊授教育,广播学校、电视学校、网络学校的教育;既包括学龄教育,又包括成人教育(继续教育、再教育);既包括文化教育,又包括职业教育,等等。

"培训",是指通过有计划的、连续的系统学习,使受训人员获得知识、技能、态度、行为的定向改进的行为过程,以使其能够按照预期的标准或水平完成所承担或将要承担的工作任务,包括知识培训、技能培训、考试培训等。

根据本条规定,教育、培训广告不得含有下列内容:

1. 不得对升学、通过考试、获得学位学历或者合格证书,或者对教育、培训的效果作出明示或者暗示的保证性承诺。教育培训的效果,受到考核难度变化,教育、培训方的师资差异,接受培训方的基础、学习态度差异等多方面因素影响,所以,在广告中作出明示或者暗示的保证性承诺是不合适的。

2. 不得明示或者暗示有相关考试机构或者其工作人员、考试命题人员参与教育、培训。考试机构及其工作人员、考试命题人员都有可能接触到命题信息,他们如参与教育、培训,有泄露考题的风险,使考试失去公平,违背通过考试选拔人才、考核知识技能的目的。因此,很多主管机构都明确规定,考试机构及其工作人员、考试命题人员不得参与该考试相关的教育、培训活动。

3. 不得利用科研单位、学术机构、教育机构、行业协会、专业人士、受益者的名义或者形象作推荐、证明。在广告中利用科研单位、学术机构、教育机构、行业协会、专业人士、受益者的名义或者形象作推荐、证明,容易使消费者产生盲目相信的心理,并可能造成误导。因此,禁止利用上述机构和人员的名义或者形象作推荐、证明。

第二十五条 【有投资回报预期的商品或者服务广告】招商等有投资回报预期的商品或者服务广告,应当对可能存在的风险以及风险责任承担有合理提示或者警示,并不得含有下列内容:

(一)对未来效果、收益或者与其相关的情况作出保证性承诺,明示或者暗示保本、无风险或者保收益等,国家另有规定的除外;

(二)利用学术机构、行业协会、专业人士、受益者的名义或者形象作推荐、证明。

条文注释

"有投资回报预期的商品或者服务",是指投资者向其投入一定资金、财物、权益、技术、劳动等,以期在未来获得收益、回报的特定商品或者服务。

依据本条规定,招商等有投资回报预期的商品或者服务广告,应当符合下列要求:

1. 投资往往有风险,在投资中,可能无法获得预期的收益,甚至无法收回投资成本。对此,应当使作为广告受众的投资者有清晰的认知,即广告中应当对风险以及风险责任承担作出合理的提示或者警示。

2. 一般情况下,投资的未来效果、收益以及与其相关的情况都受到复杂的市场环境、管理人自身能力等诸多因素影响,有时候还受到国家宏观调控的影响,投资能否保本、有无风险、收益高低等,都具有不确定性。因此,有投资回报预期的商品或者服务广告不宜对未来效果、收益或者与其相关的情况作出保证性承诺,明示或者暗示保本、无风险或者保收益等。同时,一些特殊的有投资回报预期的商品或者服务,如果国家对其未来效果、风险收益等作了明确规定的,则可以宣传国家规定的内容。

3. 利用学术机构、行业协会、专业人士、受益者的名义或者形象作推荐、证明,容易使消费者产生盲目相信的心理。投资活动关系人民群众财产安全,为防止误导消费者,本条规定禁止利用上述机构和人员的名义或者形象作推荐、证明,是必要的。

关联法规

《国家工商行政管理总局、中央宣传部、中央维稳办、国家发展和改革委员会、工业和信息化部、公安部、财政部、住房和城乡建设部、中国人民银行、国务院法制办公室、中国银行业监督管理委员会、中国证券监督管理委员会、中国保险监督管理委员会、国家互联网信息办公室、国家信访局、最高人民法院、最高人民检察院关于印发〈开展互联网金融广告及以投资理财名义从事金融活动风险专项整治工作实施方案〉的通知》

第二十六条 【房地产广告】房地产广告,房源信息应当真实,面积应当表明为建筑面积或者套内建筑面积,并不得含有下列内容:

(一)升值或者投资回报的承诺;

> (二)以项目到达某一具体参照物的所需时间表示项目位置;
> (三)违反国家有关价格管理的规定;
> (四)对规划或者建设中的交通、商业、文化教育设施以及其他市政条件作误导宣传。

条文注释

"房地产广告",是指通过一定的媒介和形式,直接或者间接地介绍自己所推销的房地产的商业广告活动,包括关于房地产项目预售、预租、出售、出租、项目转让以及其他房地产项目的介绍等。

根据本条规定,房地产广告应当符合下列规定:

1.房源信息应当真实。房源信息真实是房地产广告的最基本要求;否则,推销的商品或者服务不存在,属于欺骗、误导消费者,构成本法第28条规定的虚假广告。

2.面积应当表明为建筑面积或者套内建筑面积。房屋面积关系到居住空间、价格税费,是消费者决定是否购买房屋的最重要的考虑因素之一。建筑面积和套内建筑面积都是房屋所有权证上的登记事项;同一套房地产,套内建筑面积比建筑面积小,以建筑面积计算的单价比以套内建筑面积计算的单价低。如果混淆了建筑面积和套内建筑面积,就可能误导消费者。

3.不得含有升值或者投资回报的承诺。

4.不得以项目到达某一具体参照物的所需时间表示项目位置。房地产项目到某一具体参照物的物理距离是确定的,但是项目到达某一具体参照物的所需时间因所选道路条件、交通工具、交通状况、个人状况等的不同而可能有较大差异。统一用一个时间表示项目到某一具体参照物所需的时间,进而表示项目位置,是不客观的,容易误导消费者,本法予以禁止。

5. 不得含有违反国家有关价格管理规定的内容。《价格法》以及相关行政法规、部门规章对与房地产有关的价格行为作了规定。房地产广告不得违反这些规定。

6. 不得含有对规划或者建设中的交通、商业、文化教育设施以及其他市政条件作误导宣传的内容。

关联法规

《房地产广告发布规定》

第二十七条 【种养殖广告】 农作物种子、林木种子、草种子、种畜禽、水产苗种和种养殖广告关于品种名称、生产性能、生长量或者产量、品质、抗性、特殊使用价值、经济价值、适宜种植或者养殖的范围和条件等方面的表述应当真实、清楚、明白,并不得含有下列内容:

(一)作科学上无法验证的断言;

(二)表示功效的断言或者保证;

(三)对经济效益进行分析、预测或者作保证性承诺;

(四)利用科研单位、学术机构、技术推广机构、行业协会或者专业人士、用户的名义或者形象作推荐、证明。

条文注释

"农作物种子、林木种子、草种子",是指农作物、林木和用于动物饲养、生态建设、绿化美化等用途的草本植物的种植材料或者繁殖材料,包括籽粒、果实和根、茎、苗、芽、叶等。

"种畜禽",是指经过选育、具有种用价值、适于繁殖后代的畜禽及其卵子(蛋)、胚胎、精液等。

"水产苗种",是指包括用于繁育、增养殖(栽培)生产和科研试验、观赏的水产动植物的亲本、稚体、幼体、受精卵、孢子及其遗传育种材料。

"种养殖",是指一切与种植、养殖有关的商品或者服务。

第二十八条 【虚假广告】广告以虚假或者引人误解的内容欺骗、误导消费者的,构成虚假广告。

广告有下列情形之一的,为虚假广告:

(一)商品或者服务不存在的;

(二)商品的性能、功能、产地、用途、质量、规格、成分、价格、生产者、有效期限、销售状况、曾获荣誉等信息,或者服务的内容、提供者、形式、质量、价格、销售状况、曾获荣誉等信息,以及与商品或者服务有关的允诺等信息与实际情况不符,对购买行为有实质性影响的;

(三)使用虚构、伪造或者无法验证的科研成果、统计资料、调查结果、文摘、引用语等信息作证明材料的;

(四)虚构使用商品或者接受服务的效果的;

(五)以虚假或者引人误解的内容欺骗、误导消费者的其他情形。

条文注释

虚假广告应当同时包含两个特征:(1)形式上,广告的内容虚假或者引人误解。广告内容虚假,即广告内容不真实,与实际情况不符。(2)效果上,造成了欺骗、误导消费者的客观后果,或者有欺骗、误导消费者的可能性。此处的"消费者",既包括购买了广告商品或者服务的消费者,又包括可能购买广告商品或者服务的潜在消费者。应当注意的是,"欺骗、误导"应当与广告的艺术表达相区分。

本条第2款对构成虚假广告的常见情形作了列举。分别是:

第1项,商品或者服务不存在的,为虚假广告。例如,没有货物,虚构产品发布邮购广告,打算收到汇款就跑的;不具备从事特定服务的资质、能力等,就发布提供服务的广告等。

第2项,规定了两个条件:一是商品、服务及其允诺信息"与实际情况不符"。例如,将国产商品宣传为进口商品;将工业化制成品宣传为纯手工制品,等等。二是"对购买行为有实质性影响",即宣传的虚假信息影响或者可能影响消费者的购买决策。信息不真实,但对购买决策没有实质性影响的,不构成本项规定的虚假广告。

第3项,使用虚构、伪造或者无法验证的科研成果、统计资料、调查结果、文摘、引用语等信息作证明材料的,为虚假广告。即广告中使用科研成果、统计资料、调查结果、文摘、引用语等信息作证明材料,材料本身应当真实、准确。如果证明材料本身是虚构、伪造或者无法验证的,则必然会欺骗、误导消费者,构成虚假广告。

第4项,虚构使用商品或者接受服务的效果的,为虚假广告。如招商广告虚构收益,药品广告宣传"包治百病",牙膏广告宣称"一刷就白"等,均为虚假广告。

第5项,以虚假或者引人误解的内容欺骗、误导消费者的其他情形。本项为兜底条款。

关联法规

《产品质量法》第59条

第三章 广告行为规范

第二十九条 【从事广告发布业务的条件】广播电台、电视台、报刊出版单位从事广告发布业务的,应当设有专门从事广告业务的机构,配备必要的人员,具有与发布广告相适应的场所、设备。

条文注释

在我国,广播、电视、报纸、杂志是广告发布的主要渠道,社会影响力大;对这些大众传播媒介的广告发布资质设置一定的标准,可以加强对广告发布环节的管理。

关联法规

《广播电视节目制作经营管理规定》第2条;《教育电视台站管理规程》第15条;《国家工商行政管理局关于信息市场报社异地经营广告查处问题的答复》

第三十条 【广告合同】广告主、广告经营者、广告发布者之间在广告活动中应当依法订立书面合同。

条文注释

广告活动是一个过程,需要广告主、广告经营者、广告发布者的多方参与,需要经过广告设计、制作、发布等多个环节才能完成。为了方便分清各方的责任,广告主、广告经营者、广告发布者开展广告活动时必须通过合同明确各方的权利和义务。根据广告业务划分,广告合同可以分为广告设计合同、广告制作合同、广告代理合同和广告发布合同等。

根据本条规定,广告主、广告经营者、广告发布者之间在广告活动中订立的合同,应当采用书面形式。按照《民法典》合同编的规定,书面形式包括合同书、信件和数据电文(包括电报、电传、传真、电子数据交换和电子邮件)等可以有形地表现所载内容的形式。

关联法规

《民法典》第469～470条;《广告管理条例》第17条

第三十一条 【禁止不正当竞争】广告主、广告经营者、广告发布者不得在广告活动中进行任何形式的不正当竞争。

条文注释

不正当竞争行为泛指商业活动中与诚实信用、公平交易的商业道德相背离的各种行为。按照我国《反不正当竞争法》的规定,不正当竞争,是指经营者违反该法规定,损害其他经营者的合法权益,扰乱社会经济秩序的行为。

在广告活动中,也存在各种不正当竞争行为。不正当竞争行为会破坏广告行业正常的经营秩序,阻碍我国广告业的健康发展。特别是虚假广告,不仅会扰乱社会秩序,还会严重损害广大消费者和其他竞争者的利益。本条明确规定,禁止在广告活动中进行任何形式的不正当竞争,违反者要按照

《反不正当竞争法》的规定承担相应的法律责任。

关联法规

《反不正当竞争法》;《广告管理条例》第4条

第三十二条 【受委托方的合法经营资格】广告主委托设计、制作、发布广告,应当委托具有合法经营资格的广告经营者、广告发布者。

条文注释

  广告主从事广告活动主要有两种情况:一种情况是利用自有的设计力量、制作设备,自有的媒介自行发布广告;另一种情况是将广告业务委托给他人去做。本条针对的是后一种情况。广告经营者、广告发布者要依法进行营业登记或者广告发布登记,经登记主管机关核准,取得合法经营资格,方能从事广告的设计、制作、发布活动。广告主利用他人提供的广告设计、制作、发布服务时,应当查验被委托方的资质证明,确认其为合法的广告经营者、广告发布者后,再行委托。

第三十三条 【广告涉及他人人身权利时的义务】广告主或者广告经营者在广告中使用他人名义或者形象的,应当事先取得其书面同意;使用无民事行为能力人、限制民事行为能力人的名义或形象的,应当事先取得其监护人的书面同意。

条文注释

  按照《民法典》的规定,公民享有姓名权、肖像权,法人、非法人组织享有名称权。在广告中使用他人的名义或者形象,涉及自然人的姓名权、肖像权,或法人、非法人组织的名称权等权利,广告主或者广告经营者应当依照《民法典》等相关规定,取得他人同意,否则即构成侵犯他人民事权利的违法行为。

关联法规

《民法典》第19~23、34~35、110条

第三十四条 【广告业务管理制度和查验、核对义务】广告经营者、广告发布者应当按照国家有关规定,建立、健全广告业务的承接登记、审核、档案管理制度。

广告经营者、广告发布者依据法律、行政法规查验有关证明文件,核对广告内容。对内容不符或者证明文件不全的广告,广告经营者不得提供设计、制作、代理服务,广告发布者不得发布。

条文注释

本条第1款规定主要包括三个方面的内容:(1)承接登记制度,即对接受委托设计、制作、发布的广告的有关证明文件等资料进行登记。(2)审核制度,即广告经营者、广告发布者依据有关法律、行政法规,对需要设计、制作、代理、发布的广告的有关证明文件等资料进行审查、核对。(3)档案管理。广告业务档案,是广告经营者、广告发布者在承接广告业务中形成的,供保存备查的广告文字、图像、音视频、证明文件、审查记录及其他有关的各种记录。

本条第2款对广告经营者、广告发布者依据法律、行政法规查验有关证明文件,核对广告内容的义务作了规定。一方面,广告经营者、广告发布者要依据法律、行政法规查验有

关证明文件,核对广告内容。"法律、行政法规"是查验有关证明文件、核对广告内容的依据。"查验有关证明文件"要求对证明文件的种类、数量、出处,及其真实性、合法性、有效性进行查验。"核对广告内容"要求对广告内容的真实性、合法性进行核对,可以通过将广告内容与有关证明文件相对照的办法,也可以采取其他办法进行核对。另一方面,对内容不符或者证明文件不全的广告,广告经营者不得提供设计、制作、代理服务,广告发布者不得发布。

关联法规

《广告管理条例》第12条;《期刊出版管理规定》第37条;《互联网广告管理办法》第4、14条

第三十五条 【广告收费标准和办法】广告经营者、广告发布者应当公布其收费标准和收费办法。

条文注释

广告的一个重要特点就是有偿性。在广告的设计、制作、代理、发布各个环节中,必须付出一定的对价,承担一定的费用,如广告经营者收取的广告设计、制作、代理费,广告发布者收取的广告发布费等。本条对广告经营者、广告发布者公布其收费标准和收费办法,提出了明确要求,即做到"明码标价",使广告收费公开化,便于广告主和广告监督管理机关监督,进而保障广告业的健康发展。公布的形式可以多种多样,如采取公告张贴的形式,印制成小册子散发给相关的单位、个人,在互联网站上公布,等等。无论采取什么形式,所公布的收费标准和收费办法,应当真实、完整,不能有遗漏。

关联法规

《广告管理条例》第14、15条;《广告服务明码标价规定》

第三十六条 【媒介传播效果资料真实】广告发布者向广告主、广告经营者提供的覆盖率、收视率、点击率、发行量等资料应当真实。

条文注释

　　成功发布一则广告,需要广告主、广告经营者对媒介进行市场调查,其中对媒介覆盖率、收视率、点击率、发行量等资料进行调查是比较重要的一个方面。因此,这些资料的真实性非常重要。本条中所谓"真实",是指广告发布者向广告主、广告经营者提供的覆盖率、收视率、点击率、发行量等资料和实际情况相一致,不能有太大的偏差,更不能夸大其词。具体如下:

　　(1)"覆盖率"侧重表示在一定范围内(如全国),某一媒介信号发射后,可以被接收到的面积占整个范围面积的百分比。其主要表现在两个方面:一是地区的分布;二是覆盖的人数。广告媒介的覆盖面越广,影响就越大,使广告需求对象接触到的机会就越多,宣传效果就越好。一般来说,覆盖面越广,覆盖的人数也就越多;但这并不是绝对的,还与所覆盖地区的人口密度有关。

　　(2)"收视率"侧重表示在某一媒介覆盖范围内,实际收视的人数占该范围内全部人数的百分比。在覆盖范围内收视的人数,一般以所拥有的电视机台数为基数来计算。

　　(3)"点击率"是衡量互联网广告模式中广告主投入产出效果的核心指标。有研究认为,互联网广告点击率主要跟广告投放位置、投放形式、投放内容、投放时段、互动性等因素有关。可以通过提升广告的创意,改进投放形式、位置等方式来提高互联网广告的点击率。

(4)"发行量"是衡量报纸、期刊等平面印刷媒介的广告效果的核心指标。发行量也称销数,可以分为总销数、净销数、自然销数和强制销数。对于广告主来说,比较关心的是净销数,即净发行量,是指报纸、期刊每期的实际售出份数。发行量直接关系到平面印刷媒介上广告宣传所产生的广告效果,即发行量越大,广告的接触传播面越广,广告效果就越好;反之,广告接触传播面越窄,广告效果就越差。二者一般呈正比例关系。

第三十七条 【不得提供广告服务的情形】法律、行政法规规定禁止生产、销售的产品或者提供的服务,以及禁止发布广告的商品或者服务,任何单位或者个人不得设计、制作、代理、发布广告。

条文注释

1.法律、行政法规规定禁止生产、销售的产品或者提供的服务,任何单位或者个人不得设计、制作、代理、发布广告。其具体包括:一是禁止生产的产品,如国家明令淘汰的产品、假劣药品等;二是产品虽然被允许生产,但不允许销售或者进入市场公开销售,如枪支、弹药等;三是禁止提供的服务,如赌博、色情服务等。我国法律、行政法规对这三类禁止情形,均有明确规定。

2.法律、行政法规规定禁止发布广告的商品或者服务,任何单位或者个人不得设计、制作、代理、发布广告。也就是说,对一些虽然允许生产、销售,但不宜公开宣传的商品或者服务,法律、行政法规规定禁止发布广告的,任何单位或者个人不得为其设计、制作、代理、发布广告。

> **第三十八条 【广告代言人的义务】**广告代言人在广告中对商品、服务作推荐、证明,应当依据事实,符合本法和有关法律、行政法规规定,并不得为其未使用过的商品或者未接受过的服务作推荐、证明。
>
> 不得利用不满十周岁的未成年人作为广告代言人。
>
> 对在虚假广告中作推荐、证明受到行政处罚未满三年的自然人、法人或者其他组织,不得利用其作为广告代言人。

条文注释

本条第1款规定了广告代言人应当履行的法定义务,包括以下三项:

1.广告代言人在广告中对商品、服务作推荐、证明,应当依据事实。这实际上就是要求广告代言人应当实事求是,不得没有事实依据地夸大宣传,更不得代言虚假广告。

2.广告代言人在广告中对商品、服务作推荐、证明,应当符合本法和有关法律、行政法规规定。首先,广告代言应当符合本法有关各项规定。其次,广告代言应当符合其他法律、行政法规的相关规定。

3.广告代言人不得为其未使用过的商品或者未接受过的服务作推荐、证明。不难理解,广告代言人需要了解其所代言的商品或者服务的基本情况和特性,并有过亲身体验,他的推荐、证明才有根据、有说服力。本条第1款明确规定广告代言人不得为其未使用过的商品或者未接受过的服务作推荐、证明。也就是说，广告代言人必须先使用相关商品或接受相关服务，否则不得为其代言。

本条第2款规定，不得利用不满10周岁的未成年人作为广告代言人。能对商品、服务作推荐、证明，就要求广告代言人具有相应的民事行为能力，可以承担广告代言活动可能产生的相应法律责任。而不满10周岁的未成年人心智发育尚不健全，不具备独立的判断辨别能力和承担法律责任的能力。需要注意的是，本条禁止的是利用不满10周岁的未成年人作广告代言，但并不禁止其进行广告表演。

本条第3款规定，对在虚假广告中作推荐、证明受到行政处罚未满3年的自然人、法人或者其他组织，不得利用其作为广告代言人。也就是说，如果自然人、法人或者其他组织由于明知或者应知广告虚假，仍在广告中对商品、服务作推荐、证明，而受到行政处罚，那么自其受到行政处罚之日起未满3年，任何广告主、广告经营者不得利用其作为广告代言人，广告发布者也不得发布其代言的广告，否则将承担相应的法律责任。

第三十九条　【广告不得侵扰中小学生、幼儿】不得在中小学校、幼儿园内开展广告活动，不得利用中小学生和幼儿的教材、教辅材料、练习册、文具、教具、校服、校车等发布或者变相发布广告，但公益广告除外。

条文注释

中小学生和幼儿判断力不足，又处在成长阶段，接受、模仿能力很强,而无孔不入的广告可以从任何一个方面对他们的成长造成影响。本条对在中小学校、幼儿园,以及利用与中小学生和幼儿有关的物品发布或者变相发布广告的行为进行了规范。其具体包括下列内容:(1)不得在中小学校、幼儿园内开展广告活动。(2)不得利用中小学生和幼儿的教材、教辅材料、练习册、文具、教具、校服、校车等发布或者变相发布广告。(3)公益广告除外。

公益广告是以倡导健康社会文明风尚和关切社会公众福祉为目的的非商业性广告,是社会公益事业的一个重要组成部分。具有正面宣传作用的公益广告可以通过生动活泼、贴近生活的形式对中小学生和幼儿进行思想道德教育,如以尊老爱幼、勤俭节约、保护环境、遵守社会公德等为题材的公益广告,是有益无害的。因此,本条并不禁止在中小学校、幼儿园内或者利用与中小学生、幼儿有关的物品发布公益广告。

第四十条 【针对未成年人的广告】在针对未成年人的大众传播媒介上不得发布医疗、药品、保健食品、医疗器械、化妆品、酒类、美容广告,以及不利于未成年人身心健康的网络游戏广告。

针对不满十四周岁的未成年人的商品或者服务的广告不得含有下列内容:

(一)劝诱其要求家长购买广告商品或者服务;

(二)可能引发其模仿不安全行为。

条文注释

本条的宗旨是保护未成年人的身体、精神和道德等方面不受广告的伤害,并且不能让广告中出现的负面因素影响儿

童对事物的信任感和热情,影响其健康人生观、世界观和道德观的形成。对本条规定的理解,需要把握以下两个方面:

1. 在针对未成年人的大众传播媒介上禁止发布的广告类型:(1)医疗、药品、保健食品、医疗器械、化妆品、酒类、美容广告;(2)不利于未成年人身心健康的网络游戏广告。

2. 针对不满14周岁的未成年人的广告中禁止的内容:(1)劝诱其要求家长购买广告商品或者服务;(2)可能引发其模仿不安全行为。例如,在广告中声称或者暗示拥有某种商品是身份的象征或者时尚的标志,劝诱未成年人要求家长购买,或者在电视广告中出现低龄儿童进行危险活动的情景等,这些都是本条所禁止的。

关联法规

《广播电视广告播出管理办法》第25条

第四十一条 【户外广告的监管】县级以上地方人民政府应当组织有关部门加强对利用户外场所、空间、设施等发布户外广告的监督管理,制定户外广告设置规划和安全要求。

户外广告的管理办法,由地方性法规、地方政府规章规定。

条文注释

户外广告是指利用户外场所、空间、设施等发布的广告,其形式主要有:展示牌、电子显示装置、灯箱、霓虹灯;利用交通工具、水上漂浮物、升空器具、充气物、模型表面绘制、张贴、悬挂的广告;在地下铁道设施、城市轨道交通设施、地下通道,以及车站、码头、机场候机楼内外设置的广告,等等。

户外广告的内容应当符合《广告法》的规定,接受市场监督管理部门的监管。由于户外广告发布场所、形式多种多样,涉及规划、城建、城管、市政、公安、环保、文化等多部门的职权。因此,本条第1款明确规定了,县级以上地方人民政府应当组织有关部门加强对利用户外场所、空间、设施等发布户外广告的监督管理。另外,户外广告设施的建设、使用和维护均应当符合一定的安全要求,才能消除各类安全隐患,防患于未然,杜绝安全事故发生,保护人民生命财产安全。为了进一步加强对户外广告设施的规划和安全管理,本条第1款还规定,县级以上地方人民政府应当组织有关部门制定户外广告设置规划和安全要求。

本条第2款将户外广告管理办法的制定权授予地方性法规、地方政府规章来规定。

关联法规

《广告管理条例》第13条

第四十二条 【不得设置户外广告的情形】有下列情形之一的,不得设置户外广告:

(一)利用交通安全设施、交通标志的;

(二)影响市政公共设施、交通安全设施、交通标志、消防设施、消防安全标志使用的;

(三)妨碍生产或者人民生活,损害市容市貌的;

(四)在国家机关、文物保护单位、风景名胜区等的建筑控制地带,或者县级以上地方人民政府禁止设置户外广告的区域设置的。

条文注释

根据本条规定,以下几种情形不得设置户外广告:

1.不得利用交通安全设施、交通标志设置户外广告。交通安全设施、交通标志是保证正常交通秩序的关键设施,如安全岛、道路隔离墩、交通指挥亭、红绿灯、路标等。《道路交通安全法》规定,道路两侧及隔离带上种植的树木或者其他植物,设置的广告牌、管线等,应当与交通设施保持必要的距离,不得遮挡路灯、交通信号灯、交通标志,不得妨碍安全视距,不得影响通行。与本项规定相协调。

2.设置户外广告不得影响市政公共设施、交通安全设施、交通标志、消防设施、消防安全标志的使用。市政公共设施是指市政建设部门及有关部门依据《城乡规划法》的规定,在城市规划区内,以新建、扩建、改建的方式进行的城市建设的各种公共设施,如给排水系统、公厕、公用电话亭、路灯等。

3.设置户外广告不得妨碍生产或者人民生活,损害市容市貌。

4.不得在国家机关、文物保护单位、风景名胜区等的建筑控制地带设置户外广告。这里所说的"建筑控制地带",是指在国家机关、文物保护单位和风景名胜区等的周围划出一定范围的区域,为保护相关单位的安全、环境、历史自然风貌,在这个区域内对建设项目加以限制。

5.不得在县级以上地方人民政府禁止设置户外广告的区域设置户外广告。也就是说,户外广告的设置应当遵守所在行政区域的相关禁止性规定。

关联法规

《广告管理条例》第13条;《国家工商行政管理局关于

第三章 广告行为规范

中国银行店堂门楣标识是否属于店堂广告问题的答复》

第四十三条 【垃圾广告】任何单位或者个人未经当事人同意或者请求,不得向其住宅、交通工具等发送广告,也不得以电子信息方式向其发送广告。

以电子信息方式发送广告的,应当明示发送者的真实身份和联系方式,并向接收者提供拒绝继续接收的方式。

条文注释

对于本条第1款规定的理解,需要把握以下几点:其一,规范的是向自然人的住宅、交通工具等发送广告的行为,不仅包括向自然人的住宅、交通工具,也包括向自然人的其他场所发送广告。其二,规范的是以电子信息方式向自然人发送广告的一切行为,不仅包括通过电话、短信、传真,而且包括通过电子邮件、社交媒体平台、应用软件等方式发送广告的行为。其三,向自然人发送广告必须经其同意或者请求,也就是说,当事人同意或者请求是向其住宅、交通工具等发送广告和以电子信息方式向其发送广告的前提。

对于本条第2款规定的理解,需要把握以下两点:首先,以电子信息方式发送广告的,应当明示发送者的真实身份和联系方式。也就是说,必须明确、如实地表明发送者的身份和联系方式,包括其名称(或姓名)、电话、有效邮寄地址等可以确定发送者真实身份的信息。其次,以电子信息方式发送广告的,应当向接收者提供拒绝继续接收的方式。也就是说,发送者应当保证接收者可以方便地拒绝继续接收商业性电子信息,如提供可以让接收者拒绝继续接收的标志、标识、有效链接、电话、地址等。接收者表示拒绝继续接收商业性电子信息的,发送者应当立即停止发送。

第四十四条 【互联网广告】利用互联网从事广告活动,适用本法的各项规定。

利用互联网发布、发送广告,不得影响用户正常使用网络。在互联网页面以弹出等形式发布的广告,应当显著标明关闭标志,确保一键关闭。

条文注释

本条第 1 款规定,利用互联网从事广告活动,适用本法的各项规定。利用互联网从事的广告活动均应当适用本法关于传统商业广告的所有规定,包括总则、广告内容准则、广告行为规范、监督管理、法律责任等。互联网广告的广告主、广告经营者、广告发布者、广告代言人应当适用本法的所有相关规定,并承担相应的权利和义务。

本条第 2 款规定了利用互联网发布、发送广告负有的一般义务和具体义务。首先,利用互联网发布、发送广告,不得影响用户正常使用网络。也就是说,利用互联网发布、发送广告必须要考虑用户体验,要考虑怎样才能不影响用户正常使用网络。其次,在互联网页面以弹出等形式发布的广告,应当显著标明关闭标志,确保一键关闭;这里的"一键关闭"效果应当是彻底的,不能在关闭一个弹窗广告的同时链接至另一个广告页面或者其他页面,或者隔一段时间又弹出同样的广告。

关联法规

《互联网广告管理办法》

第四十五条 【"第三方平台"义务】公共场所的管理者或者电信业务经营者、互联网信息服务提供者对其明知或者应知的利用其场所或者信息传输、发布平台发送、发布违法广告的,应当予以制止。

条文注释

公共场所的管理者、电信业务经营者、互联网信息服务提供者本身并不是广告发布者,也不是广告信息的接收者,只是为他人发送、发布广告的活动提供了一个信息传输的场所或者平台,它们的角色属于"第三方平台"。本条对这些"第三方平台"设定了制止违法广告的义务,即公共场所的管理者或者电信业务经营者、互联网信息服务提供者对其明知或者应知的利用其场所或者信息传输、发布平台发送、发布违法广告的,应当予以制止。具体而言:

1."第三方平台"履行制止违法广告义务的前提是其主观上必须是"明知或者应知"。

2."第三方平台"制止违法广告义务的措施可以根据其自身特点,采取不同的制止措施。

公共场所的管理者,对其场所既有管理的职权也有管理的义务。对于利用其场所发送、发布违法广告的,根据情节严重程度,应当及时采取制止发布、责令离场等措施。

电信业务经营者,是指依法从事利用有线、无线的电磁系统或者光电系统,传送、发射或者接收语音、文字、数据、图像以及其他任何形式信息的业务活动的经营者,如中国电信、中国移动等基础电信运营商。电信业务经营者对于利用其传输平台以语音、文字、图像以及其他任何形式发送、发布违法广告的,负有管理职责,应当采取必要措施予以制止,如通过暂停提供电信服务的方式立即停止传输违法信息,保存有关记录。

互联网信息服务,是指通过互联网向上网用户提供信息的服务活动,包括经营性和非经营性互联网信息服务。互联网信息服务提供者发现违法广告时,应当及时采取删除、屏蔽、断开链接等必要措施制止违法广告继续发布,防止影响进一步扩大。

关联法规

《网络零售第三方平台交易规则制定程序规定(试行)》;《第三方电子商务交易平台服务规范》;《证券基金经营机构信息技术管理办法》

第四章 监督管理

第四十六条 【特殊商品和服务广告发布前审查】 发布医疗、药品、医疗器械、农药、兽药和保健食品广告,以及法律、行政法规规定应当进行审查的其他广告,应当在发布前由有关部门(以下称广告审查机关)对广告内容进行审查;未经审查,不得发布。

条文注释

根据本条规定,医疗、药品、医疗器械、农药、兽药和保健食品广告,以及法律、行政法规规定应当进行审查的其他广告未经审查,不得发布。违反本法规定,未经审查发布广告的,广告主须按照本法第58条承担相应的法律责任;广告经营者、广告发布者如明知、应知广告未经审查仍设计、制作、代理、发布的,也需按照本法第58条的规定承担相应的法律责任。

关联法规

《药品管理法实施条例》第48条;《医疗广告管理办法》第3、8条;《药品、医疗器械、保健食品、特殊医学用途配方食品广告审查管理暂行办法》;《国家食品药品监督管理局关于建立违法医疗器械广告公告制度的通知》;《国家食品药品监督管理局关于变更医疗器械广告审查机关的通知》;《广播电视广告播出管理办法》第35条;《互联网广告管理办法》第7条

第四十七条 【广告发布前审查程序】广告主申请广告审查,应当依照法律、行政法规向广告审查机关提交有关证明文件。

广告审查机关应当依照法律、行政法规规定作出审查决定,并应当将审查批准文件抄送同级市场监督管理部门。广告审查机关应当及时向社会公布批准的广告。

条文注释

按照本条规定,特殊商品和服务广告的发布前审查程序是:

1.广告主向广告审查机关申请广告审查,依照法律、行政法规向广告审查机关提交有关证明文件。

2.广告审查机关对申请审查的广告内容进行审查,对于违法的广告内容,应当作出不批准的审查决定。根据本法第

71条的规定,广告审查机关对违法的广告内容作出审查批准决定的,对负有责任的主管人员和直接责任人员,由任免机关或者监察机关依法给予处分;构成犯罪的,依法追究刑事责任。

3.广告审查机关作出审查决定,并应当将审查批准文件抄送同级市场监督管理部门,还应当及时向社会公布批准的广告。广告审查机关对申请审查的广告的内容进行审查之后,无论是批准还是不予批准,都应当作出一个审查决定,并通知当事人。

关联法规

《药品、医疗器械、保健食品、特殊医学用途配方食品广告审查管理暂行办法》

第四十八条 【广告审查批准文件不得伪造、变造或者转让】任何单位或者个人不得伪造、变造或者转让广告审查批准文件。

条文注释

"广告审查批准文件",即广告审查机关作出的、内容为批准的审查文件。取得该文件,表明相应的特殊商品或者服务的广告已经广告审查机关审查同意,可以进行广告发布。

"伪造",是指没有审查批准文件的,制作虚假的审查批准文件。

"变造",是指用涂改、擦消、拼接等方法,在真的审查批准文件上进行变更。

"转让",是指将针对某特定广告主的审查批准文件转给他人。

关联法规

《药品、医疗器械、保健食品、特殊医学用途配方食品广告审查管理暂行办法》

第四十九条 【市场监督管理部门职权和义务】市场监督管理部门履行广告监督管理职责,可以行使下列职权:

(一)对涉嫌从事违法广告活动的场所实施现场检查;

(二)询问涉嫌违法当事人或者其法定代表人、主要负责人和其他有关人员,对有关单位或者个人进行调查;

(三)要求涉嫌违法当事人限期提供有关证明文件;

(四)查阅、复制与涉嫌违法广告有关的合同、票据、账簿、广告作品和其他有关资料;

(五)查封、扣押与涉嫌违法广告直接相关的广告物品、经营工具、设备等财物;

(六)责令暂停发布可能造成严重后果的涉嫌违法广告;

(七)法律、行政法规规定的其他职权。

市场监督管理部门应当建立健全广告监测制度,完善监测措施,及时发现和依法查处违法广告行为。

条文注释

根据本条规定,国务院市场监督管理部门主管全国的广告监督管理工作,县级以上地方市场监督管理部门主管本行政区域的广告监督管理工作。市场监督管理部门履行广告监督管理职责,可以行使的职权包括以下几项:

1. 现场检查权。即对涉嫌从事违法广告活动的场所实施现场检查权。对于与从事违法广告活动无关的场所,则不得实施现场检查。

2. 询问调查权。即询问涉嫌违法当事人或者其法定代表人、主要负责人和其他有关人员,对有关单位或者个人进行调查权。询问调查对象限于涉嫌违法当事人或者其法定代表人、主要负责人和其他有关人员。被询问人员应当将其知道的事实如实向市场监督管理部门提供。市场监督管理部门应就询问制作询问笔录,并由询问人和被询问人签名或者盖章。询问不得限制或者变相限制被询问人的人身自由。

3. 要求限期提供证明文件。即要求涉嫌违法当事人限期提供有关证明文件。证明文件包括营业执照、审查批准文件等。市场监督管理部门行使职权,要求提供有关证明文件时,当事人应当在市场监督管理部门要求的期限内提供。

4. 查阅、复制权。即查阅、复制与涉嫌违法广告有关的合同、票据、账簿、广告作品和其他有关资料权。通过查阅、复制这些资料,可以掌握当事人是否实施了违法广告活动,其行为性质、情节轻重、危害后果如何,能够为市场监督管理部门作出处罚决定提供依据。

5. 查封、扣押权。即查封、扣押与涉嫌违法广告直接相关的广告物品、经营工具、设备等财物权。扣押主要针对可以移动的财产,扣押的财产由行政机关保管。本法规定查封、扣押对象限于与涉嫌违法广告直接相关的广告物品、经营工具、设备等财物。查封、扣押的程序、期限应符合行政强制法的规定。

6.责令暂停发布权。即责令暂停发布可能造成严重后果的涉嫌违法广告权。

7.法律、行政法规规定的其他职权。此为兜底条款,除了本条第1款规定的上述6项职权外,其他法律、行政法规也可对此作出规定。

关联法规

《广播电视广告播出管理办法》第28、33、34条;《互联网广告管理办法》第20~22条;《药品、医疗器械、保健食品、特殊医学用途配方食品广告审查管理暂行办法》

第五十条 【授权制定利用大众传播媒介发布广告的行为规范】 国务院市场监督管理部门会同国务院有关部门,制定大众传播媒介广告发布行为规范。

关联法规

《国家工商行政管理总局、中央宣传部、国务院新闻办公室、公安部、监察部、国务院纠风办、工业和信息化部、卫生部、国家广播电影电视总局、新闻出版总署、国家食品药品监督管理局、国家中医药管理局关于印发〈大众传播媒介广告发布审查规定〉的通知》

第五十一条 【配合监管义务】 市场监督管理部门依照本法规定行使职权,当事人应当协助、配合,不得拒绝、阻挠。

第五十二条 【保密义务】市场监督管理部门和有关部门及其工作人员对其在广告监督管理活动中知悉的商业秘密负有保密义务。

第五十三条 【投诉和举报】任何单位或者个人有权向市场监督管理部门和有关部门投诉、举报违反本法的行为。市场监督管理部门和有关部门应当向社会公开受理投诉、举报的电话、信箱或者电子邮件地址，接到投诉、举报的部门应当自收到投诉之日起七个工作日内，予以处理并告知投诉、举报人。

市场监督管理部门和有关部门不依法履行职责的，任何单位或者个人有权向其上级机关或者监察机关举报。接到举报的机关应当依法作出处理，并将处理结果及时告知举报人。

有关部门应当为投诉、举报人保密。

关联法规

《广播电视广告播出管理办法》第29条

第五十四条 【社会监督】消费者协会和其他消费者组织对违反本法规定，发布虚假广告侵害消费者合法权益，以及其他损害社会公共利益的行为，依法进行社会监督。

条文注释

消费者协会和其他消费者组织是依法成立的对商品和

服务进行社会监督的保护消费者合法权益的社会组织。治理侵害消费者合法权益的虚假广告以及其他损害社会公共利益的行为,除了企业自律、政府监管外,还需要社会监督。社会监督的形式是多样的,消费者协会和其他消费者组织应按照《消费者权益保护法》等的规定,依法进行。

关联法规

《广播电视广告播出管理办法》第38条

第五章 法律责任

第五十五条 【虚假广告行政、刑事责任】违反本法规定,发布虚假广告的,由市场监督管理部门责令停止发布广告,责令广告主在相应范围内消除影响,处广告费用三倍以上五倍以下的罚款,广告费用无法计算或者明显偏低的,处二十万元以上一百万元以下的罚款;两年内有三次以上违法行为或者有其他严重情节的,处广告费用五倍以上十倍以下的罚款,广告费用无法计算或者明显偏低的,处一百万元以上二百万元以下的罚款,可以吊销营业执照,并由广告审查机关撤销广告审查批准文件、一年内不受理其广告审查申请。

医疗机构有前款规定违法行为,情节严重的,除由市场监督管理部门依照本法处罚外,卫生行政部门可以吊销诊疗科目或者吊销医疗机构执业许可证。

广告经营者、广告发布者明知或者应知广告虚假仍设计、制作、代理、发布的,由市场监督管理部门没收广告费用,并处广告费用三倍以上五倍以下的罚款,广告费用无法计算或者明显偏低的,处二十万元以上一百万元以下的罚款;两年内有三次以上违法行为或者有其他严重情节的,处广告费用五倍以上十倍以下的罚款,广告费用无法计算或者明显偏低的,处一百万元以上二百万元以下的罚款,并可以由有关部门暂停广告发布业务、吊销营业执照。

广告主、广告经营者、广告发布者有本条第一款、第三款规定行为,构成犯罪的,依法追究刑事责任。

关联法规

《刑法》第222条;《广告管理条例》第18条;《反不正当竞争法》第20条;《广播电视广告播出管理办法》第39~43条;《药品、医疗器械、保健食品、特殊医学用途配方食品广告审查管理暂行办法》;《房地产广告发布规定》第21条

第五十六条 【虚假广告民事责任】违反本法规定,发布虚假广告,欺骗、误导消费者,使购买商品或者接受服务的消费者的合法权益受到损害的,由广告主依法承担民事责任。广告经营者、广告发布者不能提供广告主的真实名称、地址和有效联系方式的,消费者可以要求广告经营者、广告发布者先行赔偿。

关系消费者生命健康的商品或者服务的虚假广告,造成消费者损害的,其广告经营者、广告发布者、广

告代言人应当与广告主承担连带责任。

前款规定以外的商品或者服务的虚假广告,造成消费者损害的,其广告经营者、广告发布者、广告代言人,明知或者应知广告虚假仍设计、制作、代理、发布或者作推荐、证明的,应当与广告主承担连带责任。

关联法规

《民法典》第176~179、1183条;《最高人民法院关于确定民事侵权精神损害赔偿责任若干问题的解释》

第五十七条 【发布违反基本准则或者本法禁止发布的广告的责任】有下列行为之一的,由市场监督管理部门责令停止发布广告,对广告主处二十万元以上一百万元以下的罚款,情节严重的,并可以吊销营业执照,由广告审查机关撤销广告审查批准文件、一年内不受理其广告审查申请;对广告经营者、广告发布者,由市场监督管理部门没收广告费用,处二十万元以上一百万元以下的罚款,情节严重的,并可以吊销营业执照:

(一)发布有本法第九条、第十条规定的禁止情形的广告的;

(二)违反本法第十五条规定发布处方药广告、药品类易制毒化学品广告、戒毒治疗的医疗器械和治疗方法广告的;

(三)违反本法第二十条规定,发布声称全部或者

部分替代母乳的婴儿乳制品、饮料和其他食品广告的;

(四)违反本法第二十二条规定发布烟草广告的;

(五)违反本法第三十七条规定,利用广告推销禁止生产、销售的产品或者提供的服务,或者禁止发布广告的商品或者服务的;

(六)违反本法第四十条第一款规定,在针对未成年人的大众传播媒介上发布医疗、药品、保健食品、医疗器械、化妆品、酒类、美容广告,以及不利于未成年人身心健康的网络游戏广告的。

关联法规

《互联网广告管理办法》第 23 条;《广播电视广告播出管理办法》第 39 条

第五十八条 【发布违反特殊准则、违法使用广告代言人或者未经依法审查的广告的责任】有下列行为之一的,由市场监督管理部门责令停止发布广告,责令广告主在相应范围内消除影响,处广告费用一倍以上三倍以下的罚款,广告费用无法计算或者明显偏低的,处十万元以上二十万元以下的罚款;情节严重的,处广告费用三倍以上五倍以下的罚款,广告费用无法计算或者明显偏低的,处二十万元以上一百万元以下的罚款,可以吊销营业执照,并由广告审查机关撤销广告审查批准文件、一年内不受理其广告审查申请:

(一)违反本法第十六条规定发布医疗、药品、医疗器械广告的；

（二）违反本法第十七条规定，在广告中涉及疾病治疗功能，以及使用医疗用语或者易使推销的商品与药品、医疗器械相混淆的用语的；

（三）违反本法第十八条规定发布保健食品广告的；

（四）违反本法第二十一条规定发布农药、兽药、饲料和饲料添加剂广告的；

（五）违反本法第二十三条规定发布酒类广告的；

（六）违反本法第二十四条规定发布教育、培训广告的；

（七）违反本法第二十五条规定发布招商等有投资回报预期的商品或者服务广告的；

（八）违反本法第二十六条规定发布房地产广告的；

（九）违反本法第二十七条规定发布农作物种子、林木种子、草种子、种畜禽、水产苗种和种养殖广告的；

（十）违反本法第三十八条第二款规定，利用不满十周岁的未成年人作为广告代言人的；

（十一）违反本法第三十八条第三款规定，利用自然人、法人或者其他组织作为广告代言人的；

（十二）违反本法第三十九条规定，在中小学校、幼儿园内或者利用与中小学生、幼儿有关的物品发布广

告的;

（十三）违反本法第四十条第二款规定,发布针对不满十四周岁的未成年人的商品或者服务的广告的;

（十四）违反本法第四十六条规定,未经审查发布广告的。

医疗机构有前款规定违法行为,情节严重的,除由市场监督管理部门依照本法处罚外,卫生行政部门可以吊销诊疗科目或者吊销医疗机构执业许可证。

广告经营者、广告发布者明知或者应知有本条第一款规定违法行为仍设计、制作、代理、发布的,由市场监督管理部门没收广告费用,并处广告费用一倍以上三倍以下的罚款,广告费用无法计算或者明显偏低的,处十万元以上二十万元以下的罚款;情节严重的,处广告费用三倍以上五倍以下的罚款,广告费用无法计算或者明显偏低的,处二十万元以上一百万元以下的罚款,并可以由有关部门暂停广告发布业务、吊销营业执照。

关联法规

《药品管理法实施条例》第 72 条;《药品、医疗器械、保健食品、特殊医学用途配方食品广告审查管理暂行办法》;《互联网广告管理办法》第 24 条

第五十九条 【发布违反一般准则或者贬低他人商品或服务的广告的责任】有下列行为之一的,由市场监督管理部门责令停止发布广告,对广告主处十万元以下的罚款:

(一)广告内容违反本法第八条规定的;

(二)广告引证内容违反本法第十一条规定的;

(三)涉及专利的广告违反本法第十二条规定的;

(四)违反本法第十三条规定,广告贬低其他生产经营者的商品或者服务的。

广告经营者、广告发布者明知或者应知有前款规定违法行为仍设计、制作、代理、发布的,由市场监督管理部门处十万元以下的罚款。

广告违反本法第十四条规定,不具有可识别性的,或者违反本法第十九条规定,变相发布医疗、药品、医疗器械、保健食品广告的,由市场监督管理部门责令改正,对广告发布者处十万元以下的罚款。

关联法规

《广告管理条例》第8、18条;《互联网广告管理办法》第25条;《药品、医疗器械、保健食品、特殊医学用途配方食品广告审查管理暂行办法》

第六十条 【广告经营者、广告发布者未依法进行广告业务管理的责任】违反本法第三十四条规定,广告经营者、广告发布者未按照国家有关规定建立、健全广告业务管理制度的,或者未对广告内容进行核对的,由市场监督管理部门责令改正,可以处五万元以下的罚款。

违反本法第三十五条规定,广告经营者、广告发布者未公布其收费标准和收费办法的,由价格主管部门责令改正,可以处五万元以下的罚款。

关联法规

《互联网广告管理办法》第28条

第六十一条 【广告代言人的责任】广告代言人有下列情形之一的,由市场监督管理部门没收违法所得,并处违法所得一倍以上二倍以下的罚款:

(一)违反本法第十六条第一款第四项规定,在医疗、药品、医疗器械广告中作推荐、证明的;

(二)违反本法第十八条第一款第五项规定,在保健食品广告中作推荐、证明的;

(三)违反本法第三十八条第一款规定,为其未使用过的商品或者未接受过的服务作推荐、证明的;

(四)明知或者应知广告虚假仍在广告中对商品、服务作推荐、证明的。

第六十二条 【未经同意或者请求向他人发送广告、违法利用互联网发布广告的责任】违反本法第四十三条规定发送广告的,由有关部门责令停止违法行为,对广告主处五千元以上三万元以下的罚款。

违反本法第四十四条第二款规定,利用互联网发布广告,未显著标明关闭标志,确保一键关闭的,由市场监督管理部门责令改正,对广告主处五千元以上三万元以下的罚款。

关联法规

《互联网广告管理办法》第 27 条

第六十三条 【公共场所的管理者和电信业务经营者、互联网信息服务提供者未依法制止违法广告活动的责任】违反本法第四十五条规定,公共场所的管理者和电信业务经营者、互联网信息服务提供者,明知或者应知广告活动违法不予制止的,由市场监督管理部门没收违法所得,违法所得五万元以上的,并处违法所得一倍以上三倍以下的罚款,违法所得不足五万元的,并处一万元以上五万元以下的罚款;情节严重的,由有关部门依法停止相关业务。

关联法规

《互联网广告管理办法》第 29 条

第六十四条 【隐瞒真实情况或者提供虚假材料申请广告审查的责任】违反本法规定,隐瞒真实情况或者提供虚假材料申请广告审查的,广告审查机关不予受理或者不予批准,予以警告,一年内不受理该申请人的广告审查申请;以欺骗、贿赂等不正当手段取得广告审查批准的,广告审查机关予以撤销,处十万元以上二十万元以下的罚款,三年内不受理该申请人的广告审查申请。

第六十五条 【伪造、变造或者转让广告审查批准文件的责任】违反本法规定,伪造、变造或者转让广告审查批准文件的,由市场监督管理部门没收违法所得,并处一万元以上十万元以下的罚款。

第六十六条 【信用档案制度】有本法规定的违法行为的,由市场监督管理部门记入信用档案,并依照有关法律、行政法规规定予以公示。

条文注释

信用档案制度是严格规范广告活动,增强广告主、广告经营者、广告发布者等广告活动主体及其从业人员信用意识,推动广告行业诚信建设的一项重要手段。对于广告活动主体违反本法规定的行为,除了依法追究其法律责任外,还应当由市场监督管理部门记入信用档案,以发挥信用约束作用,惩戒失信行为。

信用档案由市场监督管理部门依法采集，客观记录，内容主要包括违法行为主体的基本情况、违法事实、给予的处罚等信息。对于广告活动主体违法行为等信息的公示，应当依照有关法律、行政法规的规定进行。如依照国务院2024年3月修订的《企业信息公示暂行条例》的规定，对于广告主、广告经营和发布企业违反本法规定的行为，市场监督管理部门以及其他政府部门，应当将其作出的行政处罚决定等相关信息向社会公示。

关联法规

《国务院关于建立完善守信联合激励和失信联合惩戒制度加快推进社会诚信建设的指导意见》；《互联网广告管理办法》第31条

第六十七条 【广播电台、电视台、报刊音像出版单位及其主管部门的责任】广播电台、电视台、报刊音像出版单位发布违法广告，或者以新闻报道形式变相发布广告，或者以介绍健康、养生知识等形式变相发布医疗、药品、医疗器械、保健食品广告，市场监督管理部门依照本法给予处罚的，应当通报新闻出版、广播电视主管部门以及其他有关部门。新闻出版、广播电视主管部门以及其他有关部门应当依法对负有责任的主管人员和直接责任人员给予处分；情节严重的，并可以暂停媒体的广告发布业务。

新闻出版、广播电视主管部门以及其他有关部门未依照前款规定对广播电台、电视台、报刊音像出版单位进行处理的,对负有责任的主管人员和直接责任人员,依法给予处分。

条文注释

按照本条第 1 款的规定,接到通报的新闻出版、广播电视主管等部门,必须对相关广播电台、电视台、报刊音像出版单位作出处理,必须依法对其负有责任的主管人员和直接责任人员给予处分。为保障该款规定的落实,督促新闻出版、广播电视主管等部门切实履行媒体监管职责,本条第 2 款对新闻出版、广播电视主管等部门的责任追究作了规定,即新闻出版、广播电视主管等部门未依照本条第 1 款的规定对广播电台、电视台、报刊音像出版单位进行处理的,由有权机关对新闻出版、广播电视主管部门以及其他有关部门负有责任的主管人员和直接责任人员,根据情节轻重依法给予警告、记过、记大过、降级、撤职、开除等处分。

第六十八条 【民事责任】广告主、广告经营者、广告发布者违反本法规定,有下列侵权行为之一的,依法承担民事责任:

(一)在广告中损害未成年人或者残疾人的身心健康的;

(二)假冒他人专利的;

(三)贬低其他生产经营者的商品、服务的;

(四)在广告中未经同意使用他人名义或者形象的;

(五)其他侵犯他人合法民事权益的。

条文注释

1. 按照《民法典》侵权责任编的规定,侵害民事权益,包括生命权、健康权、姓名权、名誉权、荣誉权、肖像权、隐私权、著作权、专利权、商标专用权等人身、财产权益的,应当依法承担侵权责任。广告主、广告经营者、广告发布者在广告活动中,有违反本法相关规定并构成侵害他人民事权益的行为的,应当依照《民法典》等有关法律的规定承担相应的民事责任。

2. 按照本条的规定,以下行为均属侵犯人身财产权益,应依法承担民事责任:

(1)在广告中损害未成年人或者残疾人的身心健康的行为。未成年人是指未满18周岁的公民。残疾人是指在心理、生理、人体结构上,某种组织、功能丧失或者不正常,全部或者部分功能丧失以正常方式从事某种活动能力的人。

(2)假冒他人专利的行为。专利权属于知识产权,包括发明专利权、实用新型专利权、外观设计专利权。按照《专利法》的规定,发明和实用新型专利权被授予后,除该法另有规定的以外,任何单位或者个人未经专利权人许可,都不得实施其专利,即不得为生产经营目的制造、使用、许诺销售、销售、进口其专利产品,或者使用其专利方法以及使用、许诺销售、销售、进口依照该专利方法直接获得的产品。外观设计专利权被授予后,任何单位或者个人未经专利权人许可,都不得实施其专利,即不得为生产经营目的制造、许诺销售、销售、进口其外观设计专利产品。违反上述规定,在广告中未经有关专利权人同意使用该专利权人的专利号的,或者有其他假冒他人专利的侵权行为的,广告主及广告经营者、广告发布者应当依法承担民事责任。

(3)贬低其他生产经营者的商品、服务的行为。贬低是指给予不公正的评价。在广告中,将广告主的商品或者服务与竞争对手的同类商品或者服务进行比较,把质量好的说成质量差的,把符合标准要求的说成不符合标准要求的,或者通过无中生有、捏造事实的方法,诋毁竞争对手的商品或者服务等,都属于贬低其他生产经营者的商品、服务的侵权行为,广告主及广告经营者、广告发布者应当依法承担民事责任。

(4)在广告中未经同意使用他人名义或者形象的行为。《民法典》第110条规定自然人享有姓名权、肖像权,法人、非法人组织享有名称权。本法第33条规定,广告主或者广告经营者在广告中使用他人名义或者形象的,应当事先取得其书面同意;使用无民事行为能力人、限制民事行为能力人的名义或者形象的,应当事先取得其监护人的书面同意。违反该条规定,在广告中未经同意使用他人名义或者形象,属于侵犯民事权益的行为,广告主及广告经营者、广告发布者应当依法承担民事责任。

(5)其他侵犯他人合法民事权益的行为。比如,违反本法第9条规定,广告有危害人身、财产安全,或者泄露个人隐私的情形,以及违反本法第31条的规定,广告主、广告经营者、广告发布者在广告活动中的不正当竞争等行为,给他人人身、财产权益造成损害的,广告主及广告经营者、广告发布者应当依法承担民事责任。

3.违反本法规定承担民事责任的方式。《民法典》中规定,承担民事责任的方式主要有:(1)停止侵害;(2)排除妨碍;(3)消除危险;(4)返还财产;(5)恢复原状;(6)修理、重作、更换;(7)继续履行;(8)赔偿损失;(9)支付违约金;

(10)消除影响、恢复名誉；(11)赔礼道歉。法律规定惩罚性赔偿的，依照其规定。本条规定的承担民事责任的方式，可以单独适用，也可以合并适用。对于本法规定的广告活动中的侵权行为，侵权人承担民事责任的方式主要包括停止侵权广告行为，向被侵权人赔偿损失，以及赔礼道歉、消除影响、恢复名誉等。

关联法规

《民法典》第176～179条；《最高人民法院关于确定民事侵权精神损害赔偿责任若干问题的解释》

第六十九条 【对公司、企业广告违法行为负有个人责任的法定代表人的责任】因发布虚假广告，或者有其他本法规定的违法行为，被吊销营业执照的公司、企业的法定代表人，对违法行为负有个人责任的，自该公司、企业被吊销营业执照之日起三年内不得担任公司、企业的董事、监事、高级管理人员。

第七十条 【拒绝、阻挠市场监督部门监督检查等违反治安管理行为的责任】违反本法规定，拒绝、阻挠市场监督管理部门监督检查，或者有其他构成违反治安管理行为的，依法给予治安管理处罚；构成犯罪的，依法追究刑事责任。

条文注释

本法第49条对市场监督管理部门履行广告监督管理职责可以行使的职权作了规定。第51条规定，市场监督管理部门依照本法规定行使职权，当事人应当协助、配合，不得拒绝、阻挠。当事人违反本法规定，拒绝、阻挠市场监督管理部门监督检查的，应当根据具体情形追究其责任：如果当事人未使用暴力、威胁方法，且未造成严重后果，依法构成违反治安管理行为的，由公安机关给予警告或者 200 元以下的罚款；情节严重的，处 5 日以上 10 日以下拘留，可以并处 500 元以下罚款。如果当事人使用了暴力、威胁方法，或者虽未使用暴力、威胁方法但造成了严重后果，构成犯罪的，应当依照《刑法》第 277 条的规定追究其刑事责任，处 3 年以下有期徒刑、拘役、管制或者罚金。

当事人有其他违反本法规定的行为，如果依法构成违反治安管理行为，则应当按照《治安管理处罚法》的规定给予相应处罚；如果构成犯罪，则应当依照《刑法》的相关规定追究其刑事责任。

第七十一条 【广告审查机关的责任】广告审查机关对违法的广告内容作出审查批准决定的，对负有责任的主管人员和直接责任人员，由任免机关或者监察机关依法给予处分；构成犯罪的，依法追究刑事责任。

条文注释

本法第 46 条规定，发布医疗、药品、医疗器械、农药、兽药和保健食品广告，以及法律、行政法规规定应当进行审查的其他广告，应当在发布前由广告审查机关对广告内容进行审查；未经审查，不得发布。第 47 条第 2 款中规定，广告审查机关应当依照法律、行政法规规定作出审查决定。

按照本条的规定，广告审查机关对违法的广告内容作出审查批准决定的，对负有责任的主管人员和直接责任人员，由任免机关或者监察机关根据情节轻重给予警告、记过、记大过、降级、撤职、开除等处分。同时，广告审查机关的工作人员作出审查批准决定存在玩忽职守、徇私舞弊，或者存在受贿情形，构成犯罪的，还应当依照《刑法》的相关规定追究其刑事责任。

> **第七十二条 【广告管理部门及其工作人员的责任】**市场监督管理部门对在履行广告监测职责中发现的违法广告行为或者对经投诉、举报的违法广告行为，不依法予以查处的，对负有责任的主管人员和直接责任人员，依法给予处分。
>
> 市场监督管理部门和负责广告管理相关工作的有关部门的工作人员玩忽职守、滥用职权、徇私舞弊的，依法给予处分。
>
> 有前两款行为，构成犯罪的，依法追究刑事责任。

【条文注释】

本条第 1 款对市场监督管理部门的责任追究作了规定。本法第 49 条第 2 款规定，市场监督管理部门应当建立健全广告监测制度，完善监测措施，及时发现和依法查处违法广告行为。第 53 条第 1 款规定，任何单位或者个人有权向市场监督管理部门和有关部门投诉、举报违反本法的行为。接到投诉、举报的部门应当自收到投诉之日起 7 个工作日内，予以处理并告知投诉、举报人。对违法广告依法进行查处，是市场监督管理部门的法定职责。市场监督管理部门对在履行广告监测职责中发现的违法广告行为或者对经投诉、举报的违法广告行为,不依法予以查处的,对负有责任的主管人员和直接责任人员,由有权机关根据情节轻重依法给予其警告、记过、记大过、降级、撤职、开除等处分。

按照本条第2款的规定,市场监督管理部门和负责广告管理相关工作的有关部门的工作人员玩忽职守、滥用职权、徇私舞弊的,由有权机关根据情节轻重给予警告、记过、记大过、降级、撤职、开除等处分。"玩忽职守",是指不履行或者不完全履行法律所规定的职责。不履行职责,是指在职责上不作为、不尽职;不完全履行职责,是指对本职工作马马虎虎、漫不经心,不负责任。"滥用职权",是指国家机关工作人员在履行职务时违反法律规定或者超越法定权限行使职权。"徇私舞弊",是指为了私情或者牟取私利,故意违反事实和法律,作出枉法处理或枉法决定。

关联法规

《刑法》第397条

第六章 附 则

第七十三条 【公益广告】国家鼓励、支持开展公益广告宣传活动,传播社会主义核心价值观,倡导文明风尚。

大众传播媒介有义务发布公益广告。广播电台、电视台、报刊出版单位应当按照规定的版面、时段、时长发布公益广告。公益广告的管理办法,由国务院市场监督管理部门会同有关部门制定。

关联法规

《公益广告促进和管理暂行办法》

第七十四条　【施行日期】本法自 2015 年 9 月 1 日起施行。

附录

中华人民共和国
反不正当竞争法(节录)

(1993年9月2日第八届全国人民代表大会常务委员会第三次会议通过　2017年11月4日第十二届全国人民代表大会常务委员会第三十次会议修订　根据2019年4月23日第十三届全国人民代表大会常务委员会第十次会议《关于修改〈中华人民共和国建筑法〉等八部法律的决定》修正)

第八条　【禁止虚假或引人误解的商业宣传】经营者不得对其商品的性能、功能、质量、销售状况、用户评价、曾获荣誉等作虚假或者引人误解的商业宣传,欺骗、误导消费者。

经营者不得通过组织虚假交易等方式,帮助其他经营者进行虚假或者引人误解的商业宣传。

第二十条　【涉虚假或引人误解宣传的责任】经营者违反本法第八条规定对其商品作虚假或者引人误解的商业宣传,或者通过组织虚假交易等方式帮助其他经营者进行虚假或者引人误解的商业宣传的,由监督检查部门责令停止违法行为,处二十万元以上一百万元以下的罚款;情节严重的,处一百万元以上二百万元以下的罚款,可以吊销营业执照。

经营者违反本法第八条规定,属于发布虚假广告的,依照《中华人民共和国广告法》的规定处罚。

中华人民共和国产品质量法(节录)

(1993年2月22日第七届全国人民代表大会常务委员会第三十次会议通过 根据2000年7月8日第九届全国人民代表大会常务委员会第十六次会议《关于修改〈中华人民共和国产品质量法〉的决定》第一次修正 根据2009年8月27日第十一届全国人民代表大会常务委员会第十次会议《关于修改部分法律的决定》第二次修正 根据2018年12月29日第十三届全国人民代表大会常务委员会第七次会议《关于修改〈中华人民共和国产品质量法〉等五部法律的决定》第三次修正)

第五十九条 【广告误导处理】在广告中对产品质量作虚假宣传,欺骗和误导消费者的,依照《中华人民共和国广告法》的规定追究法律责任。

中华人民共和国
消费者权益保护法（节录）

（1993年10月31日第八届全国人民代表大会常务委员会第四次会议通过　根据2009年8月27日第十一届全国人民代表大会常务委员会第十次会议《关于修改部分法律的决定》第一次修正　根据2013年10月25日第十二届全国人民代表大会常务委员会第五次会议《关于修改〈中华人民共和国消费者权益保护法〉的决定》第二次修正）

第二十三条　【质量保证义务】经营者应当保证在正常使用商品或者接受服务的情况下其提供的商品或者服务应当具有的质量、性能、用途和有效期限；但消费者在购买该商品或者接受该服务前已经知道其存在瑕疵，且存在该瑕疵不违反法律强制性规定的除外。

经营者以广告、产品说明、实物样品或者其他方式表明商品或者服务的质量状况的，应当保证其提供的商品或者服务的实际质量与表明的质量状况相符。

经营者提供的机动车、计算机、电视机、电冰箱、空调器、洗衣机等耐用商品或者装饰装修等服务,消费者自接受商品或者服务之日起六个月内发现瑕疵,发生争议的,由经营者承担有关瑕疵的举证责任。

第四十五条 【虚假广告的赔偿责任人】消费者因经营者利用虚假广告或者其他虚假宣传方式提供商品或者服务,其合法权益受到损害的,可以向经营者要求赔偿。广告经营者、发布者发布虚假广告的,消费者可以请求行政主管部门予以惩处。广告经营者、发布者不能提供经营者的真实名称、地址和有效联系方式的,应当承担赔偿责任。

广告经营者、发布者设计、制作、发布关系消费者生命健康商品或者服务的虚假广告,造成消费者损害的,应当与提供该商品或者服务的经营者承担连带责任。

社会团体或者其他组织、个人在关系消费者生命健康商品或者服务的虚假广告或者其他虚假宣传中向消费者推荐商品或者服务,造成消费者损害的,应当与提供该商品或者服务的经营者承担连带责任。

中华人民共和国刑法（节录）

（1979年7月1日第五届全国人民代表大会第二次会议通过 1997年3月14日第八届全国人民代表大会第五次会议修订 1997年3月14日中华人民共和国主席令第83号公布 根据历次修正案修正）

第二百二十二条 【虚假广告罪】广告主、广告经营者、广告发布者违反国家规定，利用广告对商品或者服务作虚假宣传，情节严重的，处二年以下有期徒刑或者拘役，并处或者单处罚金。

广告管理条例

(1987年10月26日国务院公布
自1987年12月1日起施行)

第一条 为了加强广告管理,推动广告事业的发展,有效地利用广告媒介为社会主义建设服务,制定本条例。

第二条 凡通过报刊、广播、电视、电影、路牌、橱窗、印刷品、霓虹灯等媒介或者形式,在中华人民共和国境内刊播、设置、张贴广告,均属本条例管理范围。

第三条 广告内容必须真实、健康、清晰、明白,不得以任何形式欺骗用户和消费者。

第四条 在广告经营活动中,禁止垄断和不正当竞争行为。

第五条 广告的管理机关是国家工商行政管理机关和地方各级工商行政管理机关。

第六条 经营广告业务的单位和个体工商户(以下简称广告经营者),应当按照本条例和有关法规的规定,向工商行政管理机关申请,分别情况办理审批登记手续:

(一)专营广告业务的企业,发给《企业法人营业执照》;

(二)兼营广告业务的事业单位,发给《广告经营许可证》;

（三）具备经营广告业务能力的个体工商户，发给《营业执照》；

（四）兼营广告业务的企业，应当办理经营范围变更登记。

第七条 广告客户申请刊播、设置、张贴的广告，其内容应当在广告客户的经营范围或者国家许可的范围内。

第八条 广告有下列内容之一的，不得刊播、设置、张贴：

（一）违反我国法律、法规的；

（二）损害我国民族尊严的；

（三）有中国国旗、国徽、国歌标志、国歌音响的；

（四）有反动、淫秽、迷信、荒诞内容的；

（五）弄虚作假的；

（六）贬低同类产品的。

第九条 新闻单位刊播广告，应当有明确的标志。新闻单位不得以新闻报道形式刊播广告，收取费用；新闻记者不得借采访名义招揽广告。

第十条 禁止利用广播、电视、报刊为卷烟做广告。

获得国家级、部级、省级各类奖的优质名酒，经工商行政管理机关批准，可以做广告。

第十一条 申请刊播、设置、张贴下列广告，应当提交有关证明：

（一）标明质量标准的商品广告，应当提交省辖市以上标准化管理部门或者经计量认证合格的质量检验机构的证明；

（二）标明获奖的商品广告，应当提交本届、本年度或者数届、数年度连续获奖的证书，并在广告中注明获奖级别和颁奖部门；

（三）标明优质产品称号的商品广告，应当提交专利证书；

（四）标明专利权的商品广告，应当提交专利证书；

（五）标明注册商标的商品广告，应当提交商标注册证；

（六）实施生产许可证的产品广告，应当提交生产许可证；

（七）文化、教育、卫生广告，应当提交上级行政主管部门的证明；

（八）其他各类广告，需要提交证明的，应当提交政府有关部门或者其授权单位的证明。

第十二条 广告经营者承办或者代理广告业务，应当查验证明，审查广告内容。对违反本条例规定的广告，不得刊播、设置、张贴。

第十三条 户外广告的设置、张贴，由当地人民政府组织工商行政管理、城建、环保、公安等有关部门制订规划，工商行政管理机关负责监督实施。

在政府机关和文物保护单位周围的建筑控制地带以及当地人民政府禁止设置、张贴广告的区域，不得设置、张贴广告。

第十四条 广告收费标准，由广告经营者制订，报当地工商行政管理机关和物价管理机关备案。

第十五条 广告业务代理费标准，由国家工商行政管理机关会同国家物价管理机关制定。

户外广告场地费、建筑物占用费的收费标准，由当地工商行政管理机关会同物价、城建部门协商制订，报当地人民政府批准。

第十六条 广告经营者必须按照国家规定设置广告会计账簿，依法纳税，并接受财政、审计、工商行政管理部门的监督检查。

第十七条 广告经营者承办或者代理广告业务，应当与客户或者被代理人签订书面合同，明确各方的责任。

第十八条 广告客户或者广告经营者违反本条例规定，由工商行政管理机关根据其情节轻重，分别给予下列处罚：

（一）停止发布广告；

（二）责令公开更正；

（三）通报批评；

（四）没收非法所得；

（五）罚款；

（六）停业整顿；

（七）吊销营业执照或者广告经营许可证。

违反本条例规定，情节严重，构成犯罪的，由司法机关依法追究刑事责任。

第十九条 广告客户和广告经营者对工商行政管理机关处罚决定不服的，可以在收到处罚通知之日起十五日内，向上一级工商行政管理机关申请复议。对复议决定仍不服的，可以在收到复议决定之日起三十日内，向人民法院起诉。

第二十条 广告客户和广告经营者违反本条例规定，使用户和消费者蒙受损失，或者有其他侵权行为的，应当承担赔偿责任。

损害赔偿，受害人可以请求县以上工商行政管理机关处理。当事人对工商行政管理机关处理不服的，可以向人民法院起诉。受害人也可以直接向人民法院起诉。

第二十一条 本条例由国家工商行政管理局负责解释；施行细则由国家工商行政管理局制定。

第二十二条 本条例自1987年12月1日起施行。1982年2月6日国务院发布的《广告管理暂行条例》同时废止。

广告服务明码标价规定

(2005年11月28日国家发展改革委、国家工商行政管理总局发布 自2006年1月1日起施行)

第一条 为规范广告经营单位的价格(收费)行为,维护广告行业的价格秩序,提高广告服务价格的透明度,加强对广告行业的管理,健全广告监管制定,促进广告行业的健康发展,根据《中华人民共和国价格法》、《中华人民共和国广告法》,以及国家发展改革委员会《关于商品和服务实行明码标价的规定》、《禁止价格欺诈行为的规定》制定本规定。

第二条 在中华人民共和国境内提供广告服务的广告经营单位的价格(收费)行为,适用本规定。

第三条 广告经营单位向广告主提供服务,应当按照本规定的要求,公开明示广告服务价格以及收费等相关内容。

广告服务价格实行市场调节价,由广告经营单位依据经营服务成本和市场供求状况自主制定价格。

第四条 广告经营单位实行明码标价,应当遵循公开、公平和诚实信用的原则,遵守价格法律、法规和政策。

第五条 政府价格主管部门是明码标价的管理机关,其价格监督检查机构负责对广告服务价格(收费)明码标价的内容、方式进行监制,并负责对广告经营单位实施明码标价情况进行监督检查。各级工商行政管理部门协助价格主管部门对广告经营单位实施明码标价进行监督管理。

第六条 广告经营单位明码标价应当做到价目齐全,标价内容真实明确,字迹清晰规范,标示醒目。以文字(含图表)方式标价的,一律以阿拉伯数字标明人民币金额。

第七条 广告服务明码标价的内容包括:广告经营单位名称、服务项目、服务内容、收费标准、计费方式等。

实行优惠条件的,还应当标明收费的优惠条件(时段、版面、频次等)和标准,或者免费服务的项目范围。

第八条 广告经营单位明码标价可采取媒体通告、公示栏、公示牌、价目表、收费手册、互联网查询、多媒体终端查询、语音播报,以及公众认可的其他方式进行事先公示。并应当公布相应的查询方式或客户服务电话。

第九条 广告经营单位应当在营业场所或业务代办场所的显著位置实行明码标价公示。

第十条 广告经营单位同广告主结算,或对外发布广告费用时,应当以人民币为标价单位。

第十一条 广告经营单位应当给广告主提供合法结算票据,并应当附结算清单,分项如实填写广告服务和项目、内容、收费标准等。

第十二条 广告经营单位对发布广告的服务价格如作调整,应当及时更改明码标价相关内容,并保留变动记录,以备查证。

第十三条 广播、电视、报刊等广告经营单位应当在确定或调整广告发布价格(收费)标准实施三日前,通过不同方式公布。并同时以书面形式报送具有管辖权的价格主管部门的价格监督检查机构和工商行政管理部门备存。

第十四条　广告经营单位明码标价,应当公布价格举报电话"12358",方便群众进行监督。

第十五条　广告经营单位不得利用虚假的或者使人误解的标价内容、标价方式进行价格欺诈。不得在标价之外收取任何未予标明的费用。

第十六条　广告经营单位不按规定明码标价,或者利用标价进行价格欺诈的,由政府价格主管部门依照《中华人民共和国价格法》、《价格违法行为行政处罚规定》、《关于商品和服务实行明码标价的规定》、《禁止价格欺诈行为的规定》进行处罚。

第十七条　本规定自2006年1月1日起施行。

广播电视广告播出管理办法

(2009年9月8日国家广播电影电视总局令第61号发布　根据2011年11月25日国家广播电影电视总局令第66号《〈广播电视广告播出管理办法〉的补充规定》修订　根据2020年12月1日国家广播电视总局令第7号《关于第一批废止和修改的部门规章的决定》修正)

第一章　总　　则

第一条　为了规范广播电视广告播出秩序,促进广播电视广告业健康发展,保障公民合法权益,依据《中华人民共和国广告法》、《广播电视管理条例》等法律、行政法规,制定本办法。

第二条　广播电台、电视台(含广播电视台)等广播电视播出机构(以下简称"播出机构")的广告播出活动,以及广播电视传输机构的相关活动,适用本办法。

第三条　本办法所称广播电视广告包括公益广告和商业广告(含资讯服务、广播购物和电视购物短片广告等)。

第四条　广播电视广告播出活动应当坚持以人为本,遵循合法、真实、公平、诚实信用的原则。

第五条　广播电视行政部门对广播电视广告播出活动实行属地管理、分级负责。

国务院广播电视行政部门负责全国广播电视广告播出活动的监督管理工作。

县级以上地方人民政府广播电视行政部门负责本行政区域内广播电视广告播出活动的监督管理工作。

第六条　广播电视行政部门鼓励广播电视公益广告制作和播出,对成绩显著的组织、个人予以表彰。

第二章　广　告　内　容

第七条　广播电视广告是广播电视节目的重要组成部分,应当坚持正确导向,树立良好文化品位,与广播电视节目相和谐。

第八条　广播电视广告禁止含有下列内容:

(一)反对宪法确定的基本原则的;

(二)危害国家统一、主权和领土完整,危害国家安全,或者损害国家荣誉和利益的;

（三）煽动民族仇恨、民族歧视，侵害民族风俗习惯，伤害民族感情，破坏民族团结，违反宗教政策的；

（四）扰乱社会秩序，破坏社会稳定的；

（五）宣扬邪教、淫秽、赌博、暴力、迷信，危害社会公德或者民族优秀文化传统的；

（六）侮辱、歧视或者诽谤他人，侵害他人合法权益的；

（七）诱使未成年人产生不良行为或者不良价值观，危害其身心健康的；

（八）使用绝对化语言，欺骗、误导公众，故意使用错别字或者篡改成语的；

（九）商业广告中使用、变相使用中华人民共和国国旗、国徽、国歌，使用、变相使用国家领导人、领袖人物的名义、形象、声音、名言、字体或者国家机关和国家机关工作人员的名义、形象的；

（十）药品、医疗器械、医疗和健康资讯类广告中含有宣传治愈率、有效率，或者以医生、专家、患者、公众人物等形象做疗效证明的；

（十一）法律、行政法规和国家有关规定禁止的其他内容。

第九条　禁止播出下列广播电视广告：

（一）以新闻报道形式发布的广告；

（二）烟草制品广告；

（三）处方药品广告；

（四）治疗恶性肿瘤、肝病、性病或者提高性功能的药品、食品、医疗器械、医疗广告；

（五）姓名解析、运程分析、缘分测试、交友聊天等声讯服务广告；

（六）出现"母乳代用品"用语的乳制品广告；

（七）法律、行政法规和国家有关规定禁止播出的其他广告。

第十条　时政新闻类节（栏）目不得以企业或者产品名称等

冠名。有关人物专访、企业专题报道等节目中不得含有地址和联系方式等内容。

第十一条 投资咨询、金融理财和连锁加盟等具有投资性质的广告,应当含有"投资有风险"等警示内容。

第十二条 除福利彩票、体育彩票等依法批准的广告外,不得播出其他具有博彩性质的广告。

第三章 广 告 播 出

第十三条 广播电视广告播出应当合理编排。其中,商业广告应当控制总量、均衡配置。

第十四条 广播电视广告播出不得影响广播电视节目的完整性。除在节目自然段的间歇外,不得随意插播广告。

第十五条 播出机构每套节目每小时商业广告播出时长不得超过12分钟。其中,广播电台在11:00至13:00之间、电视台在19:00至21:00之间,商业广告播出总时长不得超过18分钟。

在执行转播、直播任务等特殊情况下,商业广告可以顺延播出。

第十六条 播出机构每套节目每日公益广告播出时长不得少于商业广告时长的3%。其中,广播电台在11:00至13:00之间、电视台在19:00至21:00之间,公益广告播出数量不得少于4条(次)。

第十七条 播出电视剧时,不得在每集(以四十五分钟计)中间以任何形式插播广告。播出电影时,插播广告参照前款规定执行。

第十八条 除电影、电视剧剧场或者节(栏)目冠名标识外,禁止播出任何形式的挂角广告。

第十九条 电影、电视剧剧场或者节(栏)目冠名标识不得含有下列情形：

（一）单独出现企业、产品名称，或者剧场、节(栏)目名称难以辨认的；

（二）标识尺寸大于台标，或者企业、产品名称的字体尺寸大于剧场、节(栏)目名称的；

（三）翻滚变化，每次显示时长超过5分钟，或者每段冠名标识显示间隔少于10分钟的；

（四）出现经营服务范围、项目、功能、联系方式、形象代言人等文字、图像的。

第二十条 电影、电视剧剧场或者节(栏)目不得以治疗皮肤病、癫痫、痔疮、脚气、妇科、生殖泌尿系统等疾病的药品或者医疗机构作冠名。

第二十一条 转播、传输广播电视节目时，必须保证被转播、传输节目的完整性。不得替换、遮盖所转播、传输节目中的广告；不得以游动字幕、叠加字幕、挂角广告等任何形式插播自行组织的广告。

第二十二条 经批准在境内落地的境外电视频道中播出的广告，其内容应当符合中国法律、法规和本办法的规定。

第二十三条 播出商业广告应当尊重公众生活习惯。在6:30至7:30、11:30至12:30以及18:30至20:00的公众用餐时间，不得播出治疗皮肤病、痔疮、脚气、妇科、生殖泌尿系统等疾病的药品、医疗器械、医疗和妇女卫生用品广告。

第二十四条 播出机构应当严格控制酒类商业广告，不得在以未成年人为主要传播对象的频率、频道、节(栏)目中播出。广播电台每套节目每小时播出的烈性酒类商业广告，不得超过2条；

电视台每套节目每日播出的烈性酒类商业广告不得超过12条,其中19:00至21:00之间不得超过2条。

第二十五条 在中小学生假期和未成年人相对集中的收听、收视时段,或者以未成年人为主要传播对象的频率、频道、节(栏)目中,不得播出不适宜未成年人收听、收视的商业广告。

第二十六条 播出电视商业广告时不得隐匿台标和频道标识。

第二十七条 广告主、广告经营者不得通过广告投放等方式干预、影响广播电视节目的正常播出。

第四章 监督管理

第二十八条 县级以上人民政府广播电视行政部门应当加强对本行政区域内广播电视广告播出活动的监督管理,建立、完善监督管理制度和技术手段。

第二十九条 县级以上人民政府广播电视行政部门应当建立公众举报机制,公布举报电话,及时调查、处理并公布结果。

第三十条 县级以上地方人民政府广播电视行政部门在对广播电视广告违法行为作出处理决定后5个工作日内,应当将处理情况报上一级人民政府广播电视行政部门备案。

第三十一条 因公共利益需要等特殊情况,省、自治区、直辖市以上人民政府广播电视行政部门可以要求播出机构在指定时段播出特定的公益广告,或者作出暂停播出商业广告的决定。

第三十二条 播出机构从事广告经营活动应当取得合法资质,非广告经营部门不得从事广播电视广告经营活动,记者不得借采访名义承揽广告业务。

第三十三条 播出机构应当建立广告经营、审查、播出管理制度,负责对所播出的广告进行审查。

第三十四条 播出机构应当加强对广告业务承接登记、审核等档案资料的保存和管理。

第三十五条 药品、医疗器械、医疗、食品、化妆品、农药、兽药、金融理财等须经有关行政部门审批的商业广告,播出机构在播出前应当严格审验其依法批准的文件、材料。不得播出未经审批、材料不全或者与审批通过的内容不一致的商业广告。

第三十六条 制作和播出药品、医疗器械、医疗和健康资讯类广告需要聘请医学专家作为嘉宾的,播出机构应当核验嘉宾的医师执业证书、工作证、职称证明等相关证明文件,并在广告中据实提示,不得聘请无有关专业资质的人员担当嘉宾。

第三十七条 因广告主、广告经营者提供虚假证明文件导致播出的广告违反本办法规定的,广播电视行政部门可以对有关播出机构减轻或者免除处罚。

第三十八条 国务院广播电视行政部门推动建立播出机构行业自律组织。该组织可以按照章程的规定,采取向社会公告、推荐和撤销"广播电视广告播出行业自律示范单位"等措施,加强行业自律。

第五章 法 律 责 任

第三十九条 违反本办法第八条、第九条的规定,由县级以上人民政府广播电视行政部门责令停止违法行为或者责令改正,给予警告,可以并处三万元以下罚款;情节严重的,由原发证机关吊销《广播电视频道许可证》、《广播电视播出机构许可证》。

第四十条 违反本办法第十五条、第十六条、第十七条的规定,以及违反本办法第二十一条规定插播广告的,由县级以上人民政府广播电视行政部门依据《广播电视管理条例》第五十条、第五十一条的有关规定给予处罚。

第四十一条 违反本办法第十条、第十二条、第十八条、第十九条、第二十条、第二十三条至第二十七条、第三十三条、第三十五条、第三十六条的规定,或者违反本办法第二十一条规定替换、遮盖广告的,由县级以上人民政府广播电视行政部门责令停止违法行为或者责令改正,给予警告,可以并处二万元以下罚款。

第四十二条 违反本办法规定的播出机构,由县级以上人民政府广播电视行政部门依据国家有关规定予以处理。

第四十三条 广播电视行政部门工作人员滥用职权、玩忽职守、徇私舞弊或者未依照本办法规定履行职责的,对负有责任的主管人员和直接责任人员依法给予处分。

第六章 附 则

第四十四条 本办法自 2010 年 1 月 1 日起施行。2003 年 9 月 15 日国家广播电视总局发布的《广播电视广告播放管理暂行办法》同时废止。

互联网广告管理办法

（2023年2月25日国家市场监督管理总局令第72号公布　自2023年5月1日起施行）

第一条　为了规范互联网广告活动，保护消费者的合法权益，促进互联网广告业健康发展，维护公平竞争的市场经济秩序，根据《中华人民共和国广告法》（以下简称广告法）、《中华人民共和国电子商务法》（以下简称电子商务法）等法律、行政法规，制定本办法。

第二条　在中华人民共和国境内，利用网站、网页、互联网应用程序等互联网媒介，以文字、图片、音频、视频或者其他形式，直接或者间接地推销商品或者服务的商业广告活动，适用广告法和本办法的规定。

法律、行政法规、部门规章、强制性国家标准以及国家其他有关规定要求应当展示、标示、告知的信息，依照其规定。

第三条　互联网广告应当真实、合法，坚持正确导向，以健康的表现形式表达广告内容，符合社会主义精神文明建设和弘扬中华优秀传统文化的要求。

利用互联网从事广告活动，应当遵守法律、法规，诚实信用，公平竞争。

国家鼓励、支持开展互联网公益广告宣传活动,传播社会主义核心价值观和中华优秀传统文化,倡导文明风尚。

第四条 利用互联网为广告主或者广告主委托的广告经营者发布广告的自然人、法人或者其他组织,适用广告法和本办法关于广告发布者的规定。

利用互联网提供信息服务的自然人、法人或者其他组织,适用广告法和本办法关于互联网信息服务提供者的规定;从事互联网广告设计、制作、代理、发布等活动的,应当适用广告法和本办法关于广告经营者、广告发布者等主体的规定。

第五条 广告行业组织依照法律、法规、部门规章和章程的规定,制定行业规范、自律公约和团体标准,加强行业自律,引导会员主动践行社会主义核心价值观、依法从事互联网广告活动,推动诚信建设,促进行业健康发展。

第六条 法律、行政法规规定禁止生产、销售的产品或者提供的服务,以及禁止发布广告的商品或者服务,任何单位或者个人不得利用互联网设计、制作、代理、发布广告。

禁止利用互联网发布烟草(含电子烟)广告。

禁止利用互联网发布处方药广告,法律、行政法规另有规定的,依照其规定。

第七条 发布医疗、药品、医疗器械、农药、兽药、保健食品、特殊医学用途配方食品广告等法律、行政法规规定应当进行审查的广告,应当在发布前由广告审查机关对广告内容进行审查;未经审查,不得发布。

对须经审查的互联网广告,应当严格按照审查通过的内容发布,不得剪辑、拼接、修改。已经审查通过的广告内容需要改动的,应当重新申请广告审查。

第八条 禁止以介绍健康、养生知识等形式,变相发布医疗、药品、医疗器械、保健食品、特殊医学用途配方食品广告。

介绍健康、养生知识的,不得在同一页面或者同时出现相关医疗、药品、医疗器械、保健食品、特殊医学用途配方食品的商品经营者或者服务提供者地址、联系方式、购物链接等内容。

第九条 互联网广告应当具有可识别性,能够使消费者辨明其为广告。

对于竞价排名的商品或者服务,广告发布者应当显著标明"广告",与自然搜索结果明显区分。

除法律、行政法规禁止发布或者变相发布广告的情形外,通过知识介绍、体验分享、消费测评等形式推销商品或者服务,并附加购物链接等购买方式的,广告发布者应当显著标明"广告"。

第十条 以弹出等形式发布互联网广告,广告主、广告发布者应当显著标明关闭标志,确保一键关闭,不得有下列情形:

(一)没有关闭标志或者计时结束才能关闭广告;

(二)关闭标志虚假、不可清晰辨识或者难以定位等,为关闭广告设置障碍;

(三)关闭广告须经两次以上点击;

(四)在浏览同一页面、同一文档过程中,关闭后继续弹出广告,影响用户正常使用网络;

(五)其他影响一键关闭的行为。

启动互联网应用程序时展示、发布的开屏广告适用前款规定。

第十一条 不得以下列方式欺骗、误导用户点击、浏览广告:

(一)虚假的系统或者软件更新、报错、清理、通知等提示;

(二)虚假的播放、开始、暂停、停止、返回等标志;

(三)虚假的奖励承诺;

(四)其他欺骗、误导用户点击、浏览广告的方式。

第十二条 在针对未成年人的网站、网页、互联网应用程序、公众号等互联网媒介上不得发布医疗、药品、保健食品、特殊医学用途配方食品、医疗器械、化妆品、酒类、美容广告,以及不利于未成年人身心健康的网络游戏广告。

第十三条 广告主应当对互联网广告内容的真实性负责。

广告主发布互联网广告的,主体资格、行政许可、引证内容等应当符合法律法规的要求,相关证明文件应当真实、合法、有效。

广告主可以通过自建网站,以及自有的客户端、互联网应用程序、公众号、网络店铺页面等互联网媒介自行发布广告,也可以委托广告经营者、广告发布者发布广告。

广告主自行发布互联网广告的,广告发布行为应当符合法律法规的要求,建立广告档案并及时更新。相关档案保存时间自广告发布行为终了之日起不少于三年。

广告主委托发布互联网广告,修改广告内容时应当以书面形式或者其他可以被确认的方式,及时通知为其提供服务的广告经营者、广告发布者。

第十四条 广告经营者、广告发布者应当按照下列规定,建立、健全和实施互联网广告业务的承接登记、审核、档案管理制度:

(一)查验并登记广告主的真实身份、地址和有效联系方式等信息,建立广告档案并定期查验更新,记录、保存广告活动的有关电子数据;相关档案保存时间自广告发布行为终了之日起不少于三年;

(二)查验有关证明文件,核对广告内容,对内容不符或者证明文件不全的广告,广告经营者不得提供设计、制作、代理服务,广告发布者不得发布;

(三)配备熟悉广告法律法规的广告审核人员或者设立广告审核机构。

本办法所称身份信息包括名称（姓名）、统一社会信用代码（身份证件号码）等。

广告经营者、广告发布者应当依法配合市场监督管理部门开展的互联网广告行业调查，及时提供真实、准确、完整的资料。

第十五条 利用算法推荐等方式发布互联网广告的，应当将其算法推荐服务相关规则、广告投放记录等记入广告档案。

第十六条 互联网平台经营者在提供互联网信息服务过程中应当采取措施防范、制止违法广告，并遵守下列规定：

（一）记录、保存利用其信息服务发布广告的用户真实身份信息，信息记录保存时间自信息服务提供行为终了之日起不少于三年；

（二）对利用其信息服务发布的广告内容进行监测、排查，发现违法广告的，应当采取通知改正、删除、屏蔽、断开发布链接等必要措施予以制止，并保留相关记录；

（三）建立有效的投诉、举报受理和处置机制，设置便捷的投诉举报入口或者公布投诉举报方式，及时受理和处理投诉举报；

（四）不得以技术手段或者其他手段阻挠、妨碍市场监督管理部门开展广告监测；

（五）配合市场监督管理部门调查互联网广告违法行为，并根据市场监督管理部门的要求，及时采取技术手段保存涉嫌违法广告的证据材料，如实提供相关广告发布者的真实身份信息、广告修改记录以及相关商品或者服务的交易信息等；

（六）依据服务协议和平台规则对利用其信息服务发布违法广告的用户采取警示、暂停或者终止服务等措施。

第十七条 利用互联网发布、发送广告，不得影响用户正常使用网络，不得在搜索政务服务网站、网页、互联网应用程序、公众号等的结果中插入竞价排名广告。

未经用户同意、请求或者用户明确表示拒绝的,不得向其交通工具、导航设备、智能家电等发送互联网广告,不得在用户发送的电子邮件或者互联网即时通讯信息中附加广告或者广告链接。

第十八条 发布含有链接的互联网广告,广告主、广告经营者和广告发布者应当核对下一级链接中与前端广告相关的广告内容。

第十九条 商品销售者或者服务提供者通过互联网直播方式推销商品或者服务,构成商业广告的,应当依法承担广告主的责任和义务。

直播间运营者接受委托提供广告设计、制作、代理、发布服务的,应当依法承担广告经营者、广告发布者的责任和义务。

直播营销人员接受委托提供广告设计、制作、代理、发布服务的,应当依法承担广告经营者、广告发布者的责任和义务。

直播营销人员以自己的名义或者形象对商品、服务作推荐、证明,构成广告代言的,应当依法承担广告代言人的责任和义务。

第二十条 对违法互联网广告实施行政处罚,由广告发布者所在地市场监督管理部门管辖。广告发布者所在地市场监督管理部门管辖异地广告主、广告经营者、广告代言人以及互联网信息服务提供者有困难的,可以将违法情况移送其所在地市场监督管理部门处理。广告代言人为自然人的,为广告代言人提供经纪服务的机构所在地、广告代言人户籍地或者经常居住地为其所在地。

广告主所在地、广告经营者所在地市场监督管理部门先行发现违法线索或者收到投诉、举报的,也可以进行管辖。

对广告主自行发布违法广告的行为实施行政处罚,由广告主所在地市场监督管理部门管辖。

第二十一条 市场监督管理部门在查处违法互联网广告时,

可以依法行使下列职权：

（一）对涉嫌从事违法广告活动的场所实施现场检查；

（二）询问涉嫌违法当事人或者其法定代表人、主要负责人和其他有关人员，对有关单位或者个人进行调查；

（三）要求涉嫌违法当事人限期提供有关证明文件；

（四）查阅、复制与涉嫌违法广告有关的合同、票据、账簿、广告作品和互联网广告相关数据，包括采用截屏、录屏、网页留存、拍照、录音、录像等方式保存互联网广告内容；

（五）查封、扣押与涉嫌违法广告直接相关的广告物品、经营工具、设备等财物；

（六）责令暂停发布可能造成严重后果的涉嫌违法广告；

（七）法律、行政法规规定的其他职权。

市场监督管理部门依法行使前款规定的职权时，当事人应当协助、配合，不得拒绝、阻挠或者隐瞒真实情况。

第二十二条　市场监督管理部门对互联网广告的技术监测记录资料，可以作为对违法广告实施行政处罚或者采取行政措施的证据。

第二十三条　违反本办法第六条、第十二条规定的，依照广告法第五十七条规定予以处罚。

第二十四条　违反本办法第七条规定，未经审查或者未按广告审查通过的内容发布互联网广告的，依照广告法第五十八条规定予以处罚。

第二十五条　违反本办法第八条、第九条规定，变相发布医疗、药品、医疗器械、保健食品、特殊医学用途配方食品广告，或者互联网广告不具有可识别性的，依照广告法第五十九条第三款规定予以处罚。

第二十六条　违反本办法第十条规定，以弹出等形式发布互联网广告,未显著标明关闭标志,确保一键关闭的,依照广告法第六十二条第二款规定予以处罚。

广告发布者实施前款规定行为的,由县级以上市场监督管理部门责令改正,拒不改正的,处五千元以上三万元以下的罚款。

第二十七条 违反本办法第十一条规定,欺骗、误导用户点击、浏览广告的,法律、行政法规有规定的,依照其规定;法律、行政法规没有规定的,由县级以上市场监督管理部门责令改正,对广告主、广告经营者、广告发布者处五千元以上三万元以下的罚款。

第二十八条 违反本办法第十四条第一款、第十五条、第十八条规定,广告经营者、广告发布者未按规定建立、健全广告业务管理制度的,或者未对广告内容进行核对的,依据广告法第六十条第一款规定予以处罚。

违反本办法第十三条第四款、第十五条、第十八条规定,广告主未按规定建立广告档案,或者未对广告内容进行核对的,由县级以上市场监督管理部门责令改正,可以处五万元以下的罚款。

广告主、广告经营者、广告发布者能够证明其已履行相关责任、采取措施防止链接的广告内容被篡改,并提供违法广告活动主体的真实名称、地址和有效联系方式的,可以依法从轻、减轻或者不予行政处罚。

违反本办法第十四条第三款,广告经营者、广告发布者拒不配合市场监督管理部门开展的互联网广告行业调查,或者提供虚假资料的,由县级以上市场监督管理部门责令改正,可以处一万元以上三万元以下的罚款。

第二十九条 互联网平台经营者违反本办法第十六条第一项、第三项至第五项规定,法律、行政法规有规定的,依照其规定;法律、行政法规没有规定的,由县级以上市场监督管理部门责令改正，处一万元以上五万元以下的罚款。

互联网平台经营者违反本办法第十六条第二项规定，明知或者应知互联网广告活动违法不予制止的，依照广告法第六十三条规定予以处罚。

第三十条 违反本办法第十七条第一款规定，法律、行政法规有规定的，依照其规定；法律、行政法规没有规定的，由县级以上市场监督管理部门责令改正，对广告主、广告经营者、广告发布者处五千元以上三万元以下的罚款。

违反本办法第十七条第二款规定，未经用户同意、请求或者用户明确表示拒绝，向其交通工具、导航设备、智能家电等发送互联网广告的，依照广告法第六十二条第一款规定予以处罚；在用户发送的电子邮件或者互联网即时通讯信息中附加广告或者广告链接的，由县级以上市场监督管理部门责令改正，处五千元以上三万元以下的罚款。

第三十一条 市场监督管理部门依照广告法和本办法规定所作出的行政处罚决定，应当依法通过国家企业信用信息公示系统向社会公示；性质恶劣、情节严重、社会危害较大的，按照《市场监督管理严重违法失信名单管理办法》的有关规定列入严重违法失信名单。

第三十二条 本办法自2023年5月1日起施行。2016年7月4日原国家工商行政管理总局令第87号公布的《互联网广告管理暂行办法》同时废止。

药品、医疗器械、保健食品、特殊医学用途配方食品广告审查管理暂行办法

（2019年12月24日国家市场监督管理总局令第21号公布 自2020年3月1日起施行）

第一条 为加强药品、医疗器械、保健食品和特殊医学用途配方食品广告监督管理，规范广告审查工作，维护广告市场秩序，保护消费者合法权益，根据《中华人民共和国广告法》等法律、行政法规，制定本办法。

第二条 药品、医疗器械、保健食品和特殊医学用途配方食品广告的审查适用本办法。

未经审查不得发布药品、医疗器械、保健食品和特殊医学用途配方食品广告。

第三条 药品、医疗器械、保健食品和特殊医学用途配方食品广告应当真实、合法，不得含有虚假或者引人误解的内容。

广告主应当对药品、医疗器械、保健食品和特殊医学用途配方食品广告内容的真实性和合法性负责。

第四条 国家市场监督管理总局负责组织指导药品、医疗器

械、保健食品和特殊医学用途配方食品广告审查工作。

各省、自治区、直辖市市场监督管理部门、药品监督管理部门（以下称广告审查机关）负责药品、医疗器械、保健食品和特殊医学用途配方食品广告审查，依法可以委托其他行政机关具体实施广告审查。

第五条 药品广告的内容应当以国务院药品监督管理部门核准的说明书为准。药品广告涉及药品名称、药品适应症或者功能主治、药理作用等内容的，不得超出说明书范围。

药品广告应当显著标明禁忌、不良反应，处方药广告还应当显著标明"本广告仅供医学药学专业人士阅读"，非处方药广告还应当显著标明非处方药标识（OTC）和"请按药品说明书或者在药师指导下购买和使用"。

第六条 医疗器械广告的内容应当以药品监督管理部门批准的注册证书或者备案凭证、注册或者备案的产品说明书内容为准。医疗器械广告涉及医疗器械名称、适用范围、作用机理或者结构及组成等内容的，不得超出注册证书或者备案凭证、注册或者备案的产品说明书范围。

推荐给个人自用的医疗器械的广告，应当显著标明"请仔细阅读产品说明书或者在医务人员的指导下购买和使用"。医疗器械产品注册证书中有禁忌内容、注意事项的，广告应当显著标明"禁忌内容或者注意事项详见说明书"。

第七条 保健食品广告的内容应当以市场监督管理部门批准的注册证书或者备案凭证、注册或者备案的产品说明书内容为准，不得涉及疾病预防、治疗功能。保健食品广告涉及保健功能、产品功效成分或者标志性成分及含量、适宜人群或者食用量等内容的，不得超出注册证书或者备案凭证、注册或者备案的产品说明书范围。

保健食品广告应当显著标明"保健食品不是药物,不能代替药物治疗疾病",声明本品不能代替药物,并显著标明保健食品标志、适宜人群和不适宜人群。

第八条 特殊医学用途配方食品广告的内容应当以国家市场监督管理总局批准的注册证书和产品标签、说明书为准。特殊医学用途配方食品广告涉及产品名称、配方、营养学特征、适用人群等内容的,不得超出注册证书、产品标签、说明书范围。

特殊医学用途配方食品广告应当显著标明适用人群、"不适用于非目标人群使用""请在医生或者临床营养师指导下使用"。

第九条 药品、医疗器械、保健食品和特殊医学用途配方食品广告应当显著标明广告批准文号。

第十条 药品、医疗器械、保健食品和特殊医学用途配方食品广告中应当显著标明的内容,其字体和颜色必须清晰可见、易于辨认,在视频广告中应当持续显示。

第十一条 药品、医疗器械、保健食品和特殊医学用途配方食品广告不得违反《中华人民共和国广告法》第九条、第十六条、第十七条、第十八条、第十九条规定,不得包含下列情形:

(一)使用或者变相使用国家机关、国家机关工作人员、军队单位或者军队人员的名义或者形象,或者利用军队装备、设施等从事广告宣传;

(二)使用科研单位、学术机构、行业协会或者专家、学者、医师、药师、临床营养师、患者等的名义或者形象作推荐、证明;

(三)违反科学规律,明示或者暗示可以治疗所有疾病、适应所有症状、适应所有人群,或者正常生活和治疗病症所必需等内容;

(四)引起公众对所处健康状况和所患疾病产生不必要的担忧和恐惧,或者使公众误解不使用该产品会患某种疾病或者加重病情的内容；

（五）含有"安全""安全无毒副作用""毒副作用小"；明示或者暗示成分为"天然"，因而安全性有保证等内容；

（六）含有"热销、抢购、试用""家庭必备、免费治疗、免费赠送"等诱导性内容，"评比、排序、推荐、指定、选用、获奖"等综合性评价内容，"无效退款、保险公司保险"等保证性内容，怂恿消费者任意、过量使用药品、保健食品和特殊医学用途配方食品的内容；

（七）含有医疗机构的名称、地址、联系方式、诊疗项目、诊疗方法以及有关义诊、医疗咨询电话、开设特约门诊等医疗服务的内容；

（八）法律、行政法规规定不得含有的其他内容。

第十二条 药品、医疗器械、保健食品和特殊医学用途配方食品注册证明文件或者备案凭证持有人及其授权同意的生产、经营企业为广告申请人（以下简称申请人）。

申请人可以委托代理人办理药品、医疗器械、保健食品和特殊医学用途配方食品广告审查申请。

第十三条 药品、特殊医学用途配方食品广告审查申请应当依法向生产企业或者进口代理人等广告主所在地广告审查机关提出。

医疗器械、保健食品广告审查申请应当依法向生产企业或者进口代理人所在地广告审查机关提出。

第十四条 申请药品、医疗器械、保健食品、特殊医学用途配方食品广告审查，应当依法提交《广告审查表》、与发布内容一致的广告样件，以及下列合法有效的材料：

（一）申请人的主体资格相关材料，或者合法有效的登记文件；

（二）产品注册证明文件或者备案凭证、注册或者备案的产品

标签和说明书,以及生产许可文件;

（三）广告中涉及的知识产权相关有效证明材料。

经授权同意作为申请人的生产、经营企业,还应当提交合法的授权文件;委托代理人进行申请的,还应当提交委托书和代理人的主体资格相关材料。

第十五条 申请人可以到广告审查机关受理窗口提出申请,也可以通过信函、传真、电子邮件或者电子政务平台提交药品、医疗器械、保健食品和特殊医学用途配方食品广告申请。

广告审查机关收到申请人提交的申请后,应当在五个工作日内作出受理或者不予受理决定。申请材料齐全、符合法定形式的,应当予以受理,出具《广告审查受理通知书》。申请材料不齐全、不符合法定形式的,应当一次性告知申请人需要补正的全部内容。

第十六条 广告审查机关应当对申请人提交的材料进行审查,自受理之日起十个工作日内完成审查工作。经审查,对符合法律、行政法规和本办法规定的广告,应当作出审查批准的决定,编发广告批准文号。

对不符合法律、行政法规和本办法规定的广告,应当作出不予批准的决定,送达申请人并说明理由,同时告知其享有依法申请行政复议或者提起行政诉讼的权利。

第十七条 经审查批准的药品、医疗器械、保健食品和特殊医学用途配方食品广告,广告审查机关应当通过本部门网站以及其他方便公众查询的方式,在十个工作日内向社会公开。公开的信息应当包括广告批准文号、申请人名称、广告发布内容、广告批准文号有效期、广告类别、产品名称、产品注册证明文件或者备案凭证编号等内容。

第十八条 药品、医疗器械、保健食品和特殊医学用途配方食品广告批准文号的有效期与产品注册证明文件、备案凭证或者生产许可文件最短的有效期一致。

产品注册证明文件、备案凭证或者生产许可文件未规定有效期的,广告批准文号有效期为两年。

第十九条 申请人有下列情形的,不得继续发布审查批准的广告,并应当主动申请注销药品、医疗器械、保健食品和特殊医学用途配方食品广告批准文号:

(一)主体资格证照被吊销、撤销、注销的;

(二)产品注册证明文件、备案凭证或者生产许可文件被撤销、注销的;

(三)法律、行政法规规定应当注销的其他情形。

广告审查机关发现申请人有前款情形的,应当依法注销其药品、医疗器械、保健食品和特殊医学用途配方食品广告批准文号。

第二十条 广告主、广告经营者、广告发布者应当严格按照审查通过的内容发布药品、医疗器械、保健食品和特殊医学用途配方食品广告,不得进行剪辑、拼接、修改。

已经审查通过的广告内容需要改动的,应当重新申请广告审查。

第二十一条 下列药品、医疗器械、保健食品和特殊医学用途配方食品不得发布广告:

(一)麻醉药品、精神药品、医疗用毒性药品、放射性药品、药品类易制毒化学品,以及戒毒治疗的药品、医疗器械;

(二)军队特需药品、军队医疗机构配制的制剂;

(三)医疗机构配制的制剂;

(四)依法停止或者禁止生产、销售或者使用的药品、医疗器械、保健食品和特殊医学用途配方食品;

(五)法律、行政法规禁止发布广告的情形。

第二十二条 本办法第二十一条规定以外的处方药和特殊医学用途配方食品中的特定全营养配方食品广告只能在国务院卫生行政部门和国务院药品监督管理部门共同指定的医学、药学专业刊物上发布。

不得利用处方药或者特定全营养配方食品的名称为各种活动冠名进行广告宣传。不得使用与处方药名称或者特定全营养配方食品名称相同的商标、企业字号在医学、药学专业刊物以外的媒介变相发布广告,也不得利用该商标、企业字号为各种活动冠名进行广告宣传。

特殊医学用途婴儿配方食品广告不得在大众传播媒介或者公共场所发布。

第二十三条 药品、医疗器械、保健食品和特殊医学用途配方食品广告中只宣传产品名称(含药品通用名称和药品商品名称)的,不再对其内容进行审查。

第二十四条 经广告审查机关审查通过并向社会公开的药品广告,可以依法在全国范围内发布。

第二十五条 违反本办法第十条规定,未显著、清晰表示广告中应当显著标明内容的,按照《中华人民共和国广告法》第五十九条处罚。

第二十六条 有下列情形之一的,按照《中华人民共和国广告法》第五十八条处罚:

(一)违反本办法第二条第二款规定,未经审查发布药品、医疗器械、保健食品和特殊医学用途配方食品广告;

(二)违反本办法第十九条规定或者广告批准文号已超过有效期,仍继续发布药品、医疗器械、保健食品和特殊医学用途配方食品广告;

(三)违反本办法第二十条规定,未按照审查通过的内容发布药品、医疗器械、保健食品和特殊医学用途配方食品广告。

第二十七条 违反本办法第十一条第二项至第五项规定,发布药品、医疗器械、保健食品和特殊医学用途配方食品广告的,依照《中华人民共和国广告法》第五十八条的规定处罚;构成虚假广告的,依照《中华人民共和国广告法》第五十五条的规定处罚。

第二十八条 违反本办法第十一条第六项至第八项规定,发布药品、医疗器械、保健食品和特殊医学用途配方食品广告的,《中华人民共和国广告法》及其他法律法规有规定的,依照相关规定处罚,没有规定的,由县级以上市场监督管理部门责令改正;对负有责任的广告主、广告经营者、广告发布者处以违法所得三倍以下罚款,但最高不超过三万元;没有违法所得的,可处一万元以下罚款。

第二十九条 违反本办法第十一条第一项、第二十一条、第二十二条规定的,按照《中华人民共和国广告法》第五十七条处罚。

第三十条 有下列情形之一的,按照《中华人民共和国广告法》第六十五条处罚:

(一)隐瞒真实情况或者提供虚假材料申请药品、医疗器械、保健食品和特殊医学用途配方食品广告审查的;

(二)以欺骗、贿赂等不正当手段取得药品、医疗器械、保健食品和特殊医学用途配方食品广告批准文号的。

第三十一条 市场监督管理部门对违反本办法规定的行为作出行政处罚决定后,应当依法通过国家企业信用信息公示系统向社会公示。

第三十二条 广告审查机关的工作人员玩忽职守、滥用职权、徇私舞弊的,依法给予处分。构成犯罪的,依法追究刑事责任。

第三十三条 本办法涉及的文书格式范本由国家市场监督

管理总局统一制定。

第三十四条 本办法自 2020 年 3 月 1 日起施行。1996 年 12 月 30 日原国家工商行政管理局令第 72 号公布的《食品广告发布暂行规定》，2007 年 3 月 3 日原国家工商行政管理总局、原国家食品药品监督管理局令第 27 号公布的《药品广告审查发布标准》，2007 年 3 月 13 日原国家食品药品监督管理局、原国家工商行政管理总局令第 27 号发布的《药品广告审查办法》，2009 年 4 月 7 日原卫生部、原国家工商行政管理总局、原国家食品药品监督管理局令第 65 号发布的《医疗器械广告审查办法》，2009 年 4 月 28 日原国家工商行政管理总局、原卫生部、原国家食品药品监督管理局令第 40 号公布的《医疗器械广告审查发布标准》同时废止。

医疗广告管理办法

（2006 年 11 月 10 日国家工商行政管理总局、卫生部令第 26 号修订公布　自 2007 年 1 月 1 日起施行）

第一条 为加强医疗广告管理，保障人民身体健康，根据《广告法》、《医疗机构管理条例》、《中医药条例》等法律法规的规定，制定本办法。

第二条 本办法所称医疗广告，是指利用各种媒介或者形式直接或间接介绍医疗机构或医疗服务的广告。

第三条 医疗机构发布医疗广告,应当在发布前申请医疗广告审查。未取得《医疗广告审查证明》,不得发布医疗广告。

第四条 工商行政管理机关负责医疗广告的监督管理。

卫生行政部门、中医药管理部门负责医疗广告的审查,并对医疗机构进行监督管理。

第五条 非医疗机构不得发布医疗广告,医疗机构不得以内部科室名义发布医疗广告。

第六条 医疗广告内容仅限于以下项目:

(一)医疗机构第一名称;

(二)医疗机构地址;

(三)所有制形式;

(四)医疗机构类别;

(五)诊疗科目;

(六)床位数;

(七)接诊时间;

(八)联系电话。

(一)至(六)项发布的内容必须与卫生行政部门、中医药管理部门核发的《医疗机构执业许可证》或其副本载明的内容一致。

第七条 医疗广告的表现形式不得含有以下情形:

(一)涉及医疗技术、诊疗方法、疾病名称、药物的;

(二)保证治愈或者隐含保证治愈的;

(三)宣传治愈率、有效率等诊疗效果的;

(四)淫秽、迷信、荒诞的;

(五)贬低他人的;

(六)利用患者、卫生技术人员、医学教育科研机构及人员以及其他社会社团、组织的名义、形象作证明的;

(七)使用解放军和武警部队名义的;

(八)法律、行政法规规定禁止的其他情形。

第八条 医疗机构发布医疗广告,应当向其所在地省级卫生行政部门申请,并提交以下材料:

(一)《医疗广告审查申请表》;

(二)《医疗机构执业许可证》副本原件和复印件,复印件应当加盖核发其《医疗机构执业许可证》的卫生行政部门公章;

(三)医疗广告成品样件。电视、广播广告可以先提交镜头脚本和广播文稿。

中医、中西医结合、民族医医疗机构发布医疗广告,应当向其所在地省级中医药管理部门申请。

第九条 省级卫生行政部门、中医药管理部门应当自受理之日起20日内对医疗广告成品样件内容进行审查。卫生行政部门、中医药管理部门需要请有关专家进行审查的,可延长10日。

对审查合格的医疗广告,省级卫生行政部门、中医药管理部门发给《医疗广告审查证明》,并将通过审查的医疗广告样件和核发的《医疗广告审查证明》予以公示;对审查不合格的医疗广告,应当书面通知医疗机构并告知理由。

第十条 省级卫生行政部门、中医药管理部门应对已审查的医疗广告成品样件和审查意见予以备案保存,保存时间自《医疗广告审查证明》生效之日起至少两年。

第十一条 《医疗广告审查申请表》、《医疗广告审查证明》的格式由卫生部、国家中医药管理局规定。

第十二条 省级卫生行政部门、中医药管理部门应在核发《医疗广告审查证明》之日起五个工作日内,将《医疗广告审查证明》抄送本地同级工商行政管理机关。

第十三条 《医疗广告审查证明》的有效期为一年。到期后仍需继续发布医疗广告的,应重新提出审查申请。

第十四条 发布医疗广告应当标注医疗机构第一名称和《医疗广告审查证明》文号。

第十五条 医疗机构发布户外医疗广告,应在取得《医疗广告审查证明》后,按照《户外广告登记管理规定》办理登记。

医疗机构在其法定控制地带标示仅含有医疗机构名称的户外广告,无需申请医疗广告审查和户外广告登记。

第十六条 禁止利用新闻形式、医疗资讯服务类专题节(栏)目发布或变相发布医疗广告。

有关医疗机构的人物专访、专题报道等宣传内容,可以出现医疗机构名称,但不得出现有关医疗机构的地址、联系方式等医疗广告内容;不得在同一媒介的同一时间段或者版面发布该医疗机构的广告。

第十七条 医疗机构应当按照《医疗广告审查证明》核准的广告成品样件内容与媒体类别发布医疗广告。

医疗广告内容需要改动或者医疗机构的执业情况发生变化,与经审查的医疗广告成品样件内容不符的,医疗机构应当重新提出审查申请。

第十八条 广告经营者、广告发布者发布医疗广告,应当由其广告审查员查验《医疗广告审查证明》,核实广告内容。

第十九条 有下列情况之一的,省级卫生行政部门、中医药管理部门应当收回《医疗广告审查证明》,并告知有关医疗机构:

(一)医疗机构受到停业整顿、吊销《医疗机构执业许可证》的;

(二)医疗机构停业、歇业或被注销的;

(三)其他应当收回《医疗广告审查证明》的情形。

第二十条 医疗机构违反本办法规定发布医疗广告,县级以上地方卫生行政部门、中医药管理部门应责令其限期改正,给予警告;情节严重的,核发《医疗机构执业许可证》的卫生行政部门、中医药管理部门可以责令其停业整顿、吊销有关诊疗科目,直至吊销《医疗机构执业许可证》。

未取得《医疗机构执业许可证》发布医疗广告的,按非法行医处罚。

第二十一条 医疗机构篡改《医疗广告审查证明》内容发布医疗广告的,省级卫生行政部门、中医药管理部门应当撤销《医疗广告审查证明》,并在一年内不受理该医疗机构的广告审查申请。

省级卫生行政部门、中医药管理部门撤销《医疗广告审查证明》后,应当自作出行政处理决定之日起5个工作日内通知同级工商行政管理机关,工商行政管理机关应当依法予以查处。

第二十二条 工商行政管理机关对违反本办法规定的广告主、广告经营者、广告发布者依据《广告法》、《反不正当竞争法》予以处罚,对情节严重,造成严重后果的,可以并处一至六个月暂停发布医疗广告、直至取消广告经营者、广告发布者的医疗广告经营和发布资格的处罚。法律法规没有规定的,工商行政管理机关应当对负有责任的广告主、广告经营者、广告发布者给予警告或者处以一万元以上三万元以下的罚款;医疗广告内容涉嫌虚假的,工商行政管理机关可根据需要会同卫生行政部门、中医药管理部门作出认定。

第二十三条 本办法自2007年1月1日起施行。

房地产广告发布规定

（2015年12月24日国家工商行政管理总局令第80号公布　根据2021年4月2日国家市场监督管理总局令第38号《关于废止和修改部分规章的决定》修正）

第一条　发布房地产广告，应当遵守《中华人民共和国广告法》(以下简称《广告法》)、《中华人民共和国城市房地产管理法》、《中华人民共和国土地管理法》及国家有关规定。

第二条　本规定所称房地产广告，指房地产开发企业、房地产权利人、房地产中介服务机构发布的房地产项目预售、预租、出售、出租、项目转让以及其他房地产项目介绍的广告。

居民私人及非经营性售房、租房、换房广告，不适用本规定。

第三条　房地产广告必须真实、合法、科学、准确，不得欺骗、误导消费者。

第四条　房地产广告，房源信息应当真实，面积应当表明为建筑面积或者套内建筑面积，并不得含有下列内容：

（一）升值或者投资回报的承诺；

（二）以项目到达某一具体参照物的所需时间表示项目位置；

（三）违反国家有关价格管理的规定；

（四）对规划或者建设中的交通、商业、文化教育设施以及其他市政条件作误导宣传。

第五条 凡下列情况的房地产，不得发布广告：

（一）在未经依法取得国有土地使用权的土地上开发建设的；

（二）在未经国家征用的集体所有的土地上建设的；

（三）司法机关和行政机关依法裁定、决定查封或者以其他形式限制房地产权利的；

（四）预售房地产，但未取得该项目预售许可证的；

（五）权属有争议的；

（六）违反国家有关规定建设的；

（七）不符合工程质量标准，经验收不合格的；

（八）法律、行政法规规定禁止的其他情形。

第六条 发布房地产广告，应当具有或者提供下列相应真实、合法、有效的证明文件：

（一）房地产开发企业、房地产权利人、房地产中介服务机构的营业执照或者其他主体资格证明；

（二）房地产主管部门颁发的房地产开发企业资质证书；

（三）自然资源主管部门颁发的项目土地使用权证明；

（四）工程竣工验收合格证明；

（五）发布房地产项目预售、出售广告，应当具有地方政府建设主管部门颁发的预售、销售许可证证明；出租、项目转让广告，应当具有相应的产权证明；

（六）中介机构发布所代理的房地产项目广告，应当提供业主委托证明；

（七）确认广告内容真实性的其他证明文件。

第七条 房地产预售、销售广告，必须载明以下事项：

（一）开发企业名称；

（二）中介服务机构代理销售的，载明该机构名称；

（三）预售或者销售许可证书号。

广告中仅介绍房地产项目名称的，可以不必载明上述事项。

第八条　房地产广告不得含有风水、占卜等封建迷信内容，对项目情况进行的说明、渲染，不得有悖社会良好风尚。

第九条　房地产广告中涉及所有权或者使用权的，所有或者使用的基本单位应当是有实际意义的完整的生产、生活空间。

第十条　房地产广告中对价格有表示的，应当清楚表示为实际的销售价格，明示价格的有效期限。

第十一条　房地产广告中的项目位置示意图，应当准确、清楚，比例恰当。

第十二条　房地产广告中涉及的交通、商业、文化教育设施及其他市政条件等，如在规划或者建设中，应当在广告中注明。

第十三条　房地产广告涉及内部结构、装修装饰的，应当真实、准确。

第十四条　房地产广告中不得利用其他项目的形象、环境作为本项目的效果。

第十五条　房地产广告中使用建筑设计效果图或者模型照片的，应当在广告中注明。

第十六条　房地产广告中不得出现融资或者变相融资的内容。

第十七条　房地产广告中涉及贷款服务的，应当载明提供贷款的银行名称及贷款额度、年期。

第十八条　房地产广告中不得含有广告主能够为入住者办理户口、就业、升学等事项的承诺。

第十九条　房地产广告中涉及物业管理内容的，应当符合国家有关规定；涉及尚未实现的物业管理内容，应当在广告中注明。

第二十条　房地产广告中涉及房地产价格评估的，应当表明评估单位、估价师和评估时间;使用其他数据、统计资料、文摘、引用语的,应当真实、准确,表明出处。

第二十一条　违反本规定发布广告,《广告法》及其他法律法规有规定的,依照有关法律法规规定予以处罚。法律法规没有规定的,对负有责任的广告主、广告经营者、广告发布者,处以违法所得三倍以下但不超过三万元的罚款;没有违法所得的,处以一万元以下的罚款。

第二十二条　本规定自2016年2月1日起施行。1998年12月3日国家工商行政管理局令第86号公布的《房地产广告发布暂行规定》同时废止。

兽药广告审查发布规定

(2015年12月24日国家工商行政管理总局令第82号公布　根据2020年10月23日国家市场监督管理总局令第31号《关于修改部分规章的决定》修订)

第一条　为了保证兽药广告的真实、合法、科学,制定本规定。

第二条　发布兽药广告,应当遵守《中华人民共和国广告法》(以下简称《广告法》)及国家有关兽药管理的规定。

第三条　下列兽药不得发布广告:

（一）兽用麻醉药品、精神药品以及兽医医疗单位配制的兽药制剂；

（二）所含成分的种类、含量、名称与兽药国家标准不符的兽药；

（三）临床应用发现超出规定毒副作用的兽药；

（四）国务院农牧行政管理部门明令禁止使用的，未取得兽药产品批准文号或者未取得《进口兽药注册证书》的兽药。

第四条 兽药广告不得含有下列内容：

（一）表示功效、安全性的断言或者保证；

（二）利用科研单位、学术机构、技术推广机构、行业协会或者专业人士、用户的名义或者形象作推荐、证明；

（三）说明有效率；

（四）违反安全使用规程的文字、语言或者画面；

（五）法律、行政法规规定禁止的其他内容。

第五条 兽药广告不得贬低同类产品，不得与其他兽药进行功效和安全性对比。

第六条 兽药广告中不得含有"最高技术"、"最高科学"、"最进步制法"、"包治百病"等绝对化的表示。

第七条 兽药广告中不得含有评比、排序、推荐、指定、选用、获奖等综合性评价内容。

第八条 兽药广告不得含有直接显示疾病症状和病理的画面，也不得含有"无效退款"、"保险公司保险"等承诺。

第九条 兽药广告中兽药的使用范围不得超出国家兽药标准的规定。

第十条 兽药广告的批准文号应当列为广告内容同时发布。

第十一条 违反本规定的兽药广告，广告经营者不得设计、制作，广告发布者不得发布。

第十二条 违反本规定发布广告,《广告法》及其他法律法规有规定的,依照有关法律法规规定予以处罚。法律法规没有规定的,对负有责任的广告主、广告经营者、广告发布者,处以违法所得三倍以下但不超过三万元的罚款;没有违法所得的,处以一万元以下的罚款。

第十三条 本规定自2016年2月1日起施行。1995年3月28日国家工商行政管理局第26号令公布的《兽药广告审查标准》同时废止。

农药广告审查发布规定

(2015年12月24日国家工商行政管理总局令第81号公布 根据2020年10月23日国家市场监督管理总局令第31号《关于修改部分规章的决定》修订)

第一条 为了保证农药广告的真实、合法、科学,制定本规定。

第二条 发布农药广告,应当遵守《中华人民共和国广告法》(以下简称《广告法》)及国家有关农药管理的规定。

第三条 未经国家批准登记的农药不得发布广告。

第四条 农药广告内容应当与《农药登记证》和《农药登记公告》的内容相符,不得任意扩大范围。

第五条 农药广告不得含有下列内容：

（一）表示功效、安全性的断言或者保证；

（二）利用科研单位、学术机构、技术推广机构、行业协会或者专业人士、用户的名义或者形象作推荐、证明；

（三）说明有效率；

（四）违反安全使用规程的文字、语言或者画面；

（五）法律、行政法规规定禁止的其他内容。

第六条 农药广告不得贬低同类产品，不得与其他农药进行功效和安全性对比。

第七条 农药广告中不得含有评比、排序、推荐、指定、选用、获奖等综合性评价内容。

第八条 农药广告中不得使用直接或者暗示的方法，以及模棱两可、言过其实的用语，使人在产品的安全性、适用性或者政府批准等方面产生误解。

第九条 农药广告中不得滥用未经国家认可的研究成果或者不科学的词句、术语。

第十条 农药广告中不得含有"无效退款"、"保险公司保险"等承诺。

第十一条 农药广告的批准文号应当列为广告内容同时发布。

第十二条 违反本规定的农药广告，广告经营者不得设计、制作，广告发布者不得发布。

第十三条 违反本规定发布广告，《广告法》及其他法律法规有规定的，依照有关法律法规规定予以处罚。法律法规没有规定的，对负有责任的广告主、广告经营者、广告发布者，处以违法所得三倍以下但不超过三万元的罚款；没有违法所得的，处以一万元以下的罚款。

第十四条 本规定自2016年2月1日起施行。1995年3月28日国家工商行政管理局第28号令公布的《农药广告审查标准》同时废止。